Serie Liderazgo para la Acción

LIDERAZGO VISIONARIO

El arte de convertir la visión en realidad

Dr. Jesús A. Sampedro Hidalgo
Dr. Arnoldo A. Arana A.

LIDERAZGO VISIONARIO
El arte de convertir la visión en realidad

Serie Liderazgo para la Acción

Valencia - Venezuela
2014

Se imprimió este libro en

Para pedidos de este y otros libros de liderazgo, contacte a:
Global Leadership Consulting
+58 (241) 8245803
www.glcconsulting.com.ve
info@glcconsulting.com.ve

CONTENIDO

Introducción

Sin visión no hay claridad en la dirección a seguir.[1]

Para muchos líderes el asunto de la visión es un asunto abstracto, impalpable, lejano, una especie de universo místico, una especie de declaración bonita que logra poco y además comparte espacios en un olvidado cuadro en la entrada de la organización y que está emocionalmente alejado de la cotidianidad organizacional. Sin embargo, el líder que logra agarrar el proceso visionario por los "cachos", está en una posición aventajada para tener éxito en su gestión, ya que seguramente no se ahogará en las agitadas aguas del presente, sino que aprenderá a navegar en el turbulento, incierto e inexistente espacio del futuro de la mano de colaboradores inspirados hacia un mejor futuro.

Según Alan C. Walter, citado por Lynne Joy McParland y otros autores, la visión es la imagen total o completa de cómo ve o concibe uno un área de la vida; el cuadro completo; la vista completa que cubre todos los aspectos de un esfuerzo y lo que uno quiere lograr dentro de ese gran cuadro.[2] Así como una brújula orienta para desplazarse con confianza y convicción, la visión crea un sentido de dirección y canaliza la acción en el entorno donde el líder se mueve. George Barna describe las dimensiones de la visión así:

> "La visión del líder es una imagen mental clara de un futuro preferible compartido por el líder a sus seguidores y se basa en una comprensión exacta de la organización y de su ambiente actual y futuro. La visión es específica, una declaración detallada de la dirección y de la unicidad; es estratégica. La visión crea el futuro. Un líder visionario es un agente del cambio. Para que una visión tenga impacto, debe ser compartida. La visión de cada organización debe ser única. La visión desafía a cada uno en una organización".[3]

El éxito entonces en el ejercicio del liderazgo requiere desarrollar la capacidad de fecundar y proyectar la imagen apremiante de un estado deseado de cosas, la clase de imagen que produce entusiasmo, pasión y sentimiento de compromiso en otros.

La visión crea además la necesidad de aprender y/o desarrollar el dominio de los factores o aspectos clave de éxito en el área o campo de ésta.

Un aspecto clave es cuando el líder logra articular y comunicar en forma clara e inspiradora una visión, ya que así la organización se energiza, alinea y empodera. Esto básicamente se logra ya que la visión tiene el potencial de estimular desde el espíritu y el sentimiento a la mente y al compromiso de la gente.

Por otra parte, algo que distingue a un líder efectivo de otro que no lo es, es su capacidad de atraer y movilizar a los miembros de una organización hacia una realidad futura mejor que la que está o la que ellos son capaces de imaginar. Los líderes son personas visionarias. Los líderes tienen grandes visiones, y esas visiones o intenciones bien logradas y congruentes le hacen ganar respeto y atraer a la gente, primero hacia ellos y luego hacia su propuesta visionaria. En este sentido, la visión funciona como un norte magnético que logra integrar a las personas como equipos de trabajo y trae alineamiento organizacional. La visión crea una mira, una orientación hacia los resultados. La visión agarra, inspira, anima e impulsa. La visión reta a las personas.

Concentrando la atención en la visión, el líder opera sobre los recursos emocionales y espirituales de la organización, sobre sus valores, compromisos y aspiraciones. Es un llamado emocional a algunas de las necesidades humanas más fundamentales - la necesidad de ser importante, de trascender, de afectar el futuro positivamente, de impactar a las generaciones emergentes, de hacer una diferencia, de sentirse útil, de ser parte de una organización que vale la pena y tiene éxito.

El líder que brinda una visión clara, coherente y creíble; cuya vida se ajusta a un conjunto de principios y valores que proveen pleno apoyo y sostén a la visión, que inspira en los demás el deseo de imitarlo y seguirlo, finalmente posee una fuente fundamental de poder. El poder del líder emana de la visión. El poder de un líder es la energía fundamental para iniciar y sustentar la acción convirtiendo la intención en realidad. Ahora bien, el poder de un líder está asociado a su capacidad de convertir una visión en una realidad y proveer los medios para su sustentabilidad.

Por otra parte, la visión es un poderoso instrumento para la comunicación y un catalizador para el logro organizacional. Para una organización la visión tiene el poder de servir como sentido superior para sus miembros. Es una representación de cómo quieren vivir sus vidas, de lo que quieren lograr, de lo que quieren defender. La visión proporciona la manera para que la gente esté a favor de un sentido de propósito más elevado, de modo que se muevan armónicamente cuando ejercen su propio juicio y liberan todo su potencial. Así como un jinete de carreta valora que los caballos halen juntos en la misma dirección, así también un líder valora que todos en su equipo estén motivados por una visión y con gran unidad de propósito, estén unánimes, sientan una misma cosa, y compartan un firme y determinado empuje que les lleve al avance sostenido.

Significados y temas del libro

¿Cómo articula eficazmente el líder su visión? ¿Cómo consigue que la gente se alinee alrededor de los objetivos fundamentales de la organización? ¿Cómo la comunica con efectividad, que inspire a las personas, y genere acciones que conlleven a su logro? ¿Cómo apela a los recursos emocionales y espirituales de la gente, a sus valores y compromiso, a fin de producir identificación con la visión de la organización? ¿Cómo desarrolla el líder el dominio de la visión?

En esta segunda entrega de la serie Liderazgo para la Acción, trataremos el tema de la visión como factor clave en la gestión del líder, y abordaremos estas interrogantes para contribuir con el desarrollo de la capacidad del líder para articular, comunicar y ejecutar eficazmente la visión.

En el primer bloque temático se aborda el proceso a través del cual el líder concibe y articula la visión en un sentido estratégico. Logrando así profundizar en las aristas, fuerzas, factores y fuentes que sirven de insumo para su comprensión, ventilación e instalación desde el líder hasta el contexto organizacional total.

En el segundo bloque temático se trata el tema del proceso de comunicación de la visión por parte del líder. El arte de comunicar las visiones eficazmente desde una perspectiva que implique persuasión, inspiración, y logro moralmente relevante. De acuerdo a los elementos retóricos definidos en la filosofía griega, el líder antes de convencer usando el logos (convicción), primero necesita dejar sentado el pathos (emociones) y el ethos (credibilidad). El líder apela a los recursos emocionales y espirituales de su gente, a sus valores y compromiso, a fin de producir identificación con la visión de la organización.

En el tercer bloque temático se aborda lo necesario para que el líder consiga y mantenga el enfoque y el rumbo de la visión hasta alcanzarla. Por un lado, se refiere a la importancia y expresión plena evidenciada por medio del dominio de las piezas del rompecabezas que completan la visión. Por otro lado, y en pro de generar un cierre en un sentido más estratégico, se plantea la mezcla de la resiliencia y las respuestas creativas en tiempos de crisis como elementos clave para el logro de visiones con ingenio estratégico.

En fin, esperamos que este libro contribuya a la discusión y profundización de este aspecto tan fundamental en la gestión del líder como lo es la visión.

I

EXPLORANDO LA MENTE DEL ESTRATEGA

Desarrollando el sentido estratégico para alcanzar la visión

Arnoldo A. Arana A.

"Porque ¿quién de vosotros, queriendo edificar una torre, no se sienta primero y calcula los gastos, a ver si tiene lo que necesita para acabarla? No sea que después que haya puesto el cimiento, y no pueda acabarla, todos los que lo vean comiencen a hacer burla de él, diciendo: Este hombre comenzó a edificar, y no pudo acabar. ¿O qué rey, al marchar a la guerra contra otro rey, no se sienta primero y considera si puede hacer frente con diez mil al que viene contra él con veinte mil? Y si no puede, cuando el otro está todavía lejos, le envía una embajada y le pide condiciones de paz".[1]

Jesucristo (San Lucas 14:28-32)

Decía el sabio rey Salomón que donde no hay visión, la gente perece.[2] Sin visión las personas y las organizaciones andan sin brújula, reaccionando ante los cambios de la realidad. La visión es la plataforma del pensamiento estratégico. Es el medio a través del cual el estratega se anticipa a los acontecimientos, y va construyendo las estrategias necesarias para enfrentar las demandas del entorno.

¿Piensa usted en forma estratégica? ¿Habitualmente los cambios del entorno le toman por sorpresa, o es capaz de anticiparse a ellos? ¿En su mente es capaz de anticipar el futuro? ¿Tiene una visión claramente definida de su organización y de usted mismo? Las respuestas en forma afirmativa o negativa a estas preguntas, revelan si usted piensa o no con sentido estratégico.

Pensar en forma estratégica significa algo más que estar alerta ante las oportunidades que se presentan. Se necesita tener un fin determinado, un claro sentido de propósito. Se requiere tener una visión clara: sentido de dirección de hacia dónde se quiere avanzar. Se necesita también una actitud de apertura al cambio; la orientación estratégica está asociada a la gestión del cambio.

9

Dice un dicho *"sin visión no hay ocasión".* El elemento clave que mueve la mente del estratega es la visión proyectada a largo plazo, es su percepción de la organización en el futuro.

El estratega diseña con proactividad el futuro de la organización. En este sentido, la mente del estratega siempre tiene planes para el futuro, constantemente está visualizando opciones y evaluando escenarios, porque tienen un propósito claro, articulado en objetivos definidos, lo que le permite anticiparse a la toma de decisiones, al determinar hoy las acciones necesarias que afectarán el futuro de la organización, porque como dice Eaton Corporation el futuro pertenece a aquellos que toman las decisiones hoy.[3]

El estratega necesita tomar contacto emocional con la visión, así es como asume el compromiso y la responsabilidad de alcanzarla.

El estratega no solamente ve las circunstancias presentes, sino que está captando patrones y alternativas que otros no ven, lo cual le permite tener capacidad de respuesta ante situaciones imprevistas, al prever los problemas y sus soluciones, porque la mente del estratega piensa con visión de largo plazo, con sentido de propósito y de futuro.

Ahora, la visión que guía al estratega no sólo está en su pensamiento sino también está presente en sus emociones; emerge de sus propias necesidades y de las necesidades de la organización. El estratega necesita tomar contacto emocional con la visión, así es como asume el compromiso y la responsabilidad de alcanzarla.

Es la pasión que desarrolla por la visión, lo que mantiene al líder motivado a realizar acciones estratégicas dirigidas a materializar ésta. Su contacto emocional con la visión, con sus propias necesidades y las de la organización, se convierten en la brújula interna que guía al estratega. Si en algún momento pierde esa guía interna y los acontecimientos lo forzan a actuar, dejará de accionar en forma estratégica, y comenzará a reaccionar ante las situaciones de crisis.

Desarrollar un enfoque estratégico, pues, no significa llenarnos de cuentas y análisis rigurosos, aunque el análisis es necesario, sino más bien de adoptar un estado mental flexible y abierto al cambio; es convivir desde nuestras propias entrañas con un proceso visionario. Es llenarnos de una perspectiva real del cambio que está operando en el entorno y en la organización, sin perder la perspectiva de que los verdaderos cambios se instalan de adentro hacia fuera. [4] Es desarrollar la capacidad de ver los obstáculos que se pueden presentar, las posibilidades ocultas y las diferentes opciones por las que se puede optar, lo que requiere también desarrollar la capacidad de visualizar e imaginar con creatividad los pasos requeridos para alcanzar los objetivos planteados. Este es un proceso más intuitivo que racional, un proceso que va más allá del ámbito consciente y meramente analítico.

En relación con el mundo empresarial, el autor Kenichi Ohmae refiere que las estrategias de negocios que llegan a tener éxito no provienen de un riguroso análisis, sino más bien de un particular estado mental.[5] La estrategia no es solamente cuestión de utilizar adecuadamente los métodos de planificación, pronósticos y proyección. En tal sentido, deberíamos preguntarnos: ¿dónde nace y se desarrolla la visión estratégica? Nace en el corazón del estratega. Es fruto de su dinámica interna, de cómo percibe la realidad, de cómo se movilizan sus emociones, de cuáles son sus percepciones, de cuáles son sus mapas, de cuáles son sus talentos dominantes.

Además, elementos como motivar a la gente al logro de las metas, comunicar adecuadamente el propósito estratégico, explotar la creatividad para aportar alternativas retadoras y mecanismos que sirvan para seguir la orientación estratégica y promover el alineamiento del equipo de trabajo, son cruciales para el éxito de la estrategia.

La visión de líder estratega está matizada por su conocimiento - aprendizaje, su experiencia, su motivación, su intuición, sus mapas metabolizados o introyectados, su cosmovisión de la vida, su carácter y por la conciencia que tiene en sí mismo de lo que está ocurriendo en el entorno, en la organización a su cargo y dentro de los límites de sí mismo. Todos estos elementos configuran el ambiente interno en el que florece o se marchita la visión, y en donde se construyen las estrategias o se obstaculiza el proceso de definición estratégica.

Es en el propio corazón del líder donde se atiza o ahoga la visión estratégica. Es en el corazón del líder donde surgen las resistencias o las fuerzas para perseverar en los propósitos, donde se alojan los miedos a fracasar o el coraje para triunfar, donde se hace evidente la incapacidad o flexibilidad para manejar la incertidumbre y la ambigüedad que genera emprender procesos de cambios necesarios para alcanzar la visión.

Desarrollar el hábito de pensar en forma estratégica

Por otra parte, desarrollar una mentalidad de estratega supone cultivar el hábito de pensar en forma estratégica, al punto de que se constituya en una actitud de vida, una forma de ser y estar en el mundo. Es necesario hacer de la estrategia un hábito. Kenichi Ohmae dice que la estrategia es una disciplina diaria y no un recurso que puede dejarse en hibernación durante las épocas tranquilas y despertarse cuando surge una emergencia.[6] Ver la estrategia como un recurso o metodología para abordar "situaciones de crisis" o apagar fuegos inesperados, equivale a actuar reactivamente; pero el estratega no improvisa, no reacciona, no vive en "automático", ni actúa por inercia, ni según el dicho "como vamos viendo, vamos haciendo"; sino que actúa con proactividad, con intencionalidad, más aun, con mentalidad de oportunista, o como dice Peter Drucker, de Oportunista con propósito.[7]

Lo vertiginoso y complejo del cambio no deja lugar para las improvisaciones. La falta de previsión y sentido estratégico puede resultar en un error demasiado costoso, un lujo muy caro en estos tiempos de cambio permanente. Al respecto Peter Drucker dice estar sorprendido con lo que ocurre es un riesgo muy grande para tolerar[8], sobre todo en un mundo tan complejo, competitivo y cambiante. El estratega está consciente de esta realidad, por lo que no deja al azar o bajo la responsabilidad de otro el curso de acción a seguir, sino que explora dentro de sí y en el entorno para definir su estrategia.

> Ver la estrategia como un recurso o metodología para abordar "situaciones de crisis" o apagar fuegos inesperados, equivale a actuar reactivamente.

Liderazgo es un asunto del futuro, y no se puede avanzar hacia el futuro sin un sentido estratégico. En un mundo cada vez más complejo e incierto, el líder requiere bajar para los miembros de la organización, los niveles de ambigüedad e incertidumbre. Para tal fin la visión cumple un papel orientador, una guía para aventurarse con optimismo y confianza hacia lo desconocido.

El futuro también entraña un desafío estratégico que requiere que la organización sea repensada constantemente, para responder a los cambios del entorno. ¿Cómo atender las demandas de los clientes? ¿Cómo atacar y generar ventajas competitivas para enfrentar a los competidores? ¿Qué cambios tecnológicos precisa hacer la organización para no perder vigencia y competitividad? ¿Cómo preparar a los miembros de la organización para los retos y desafíos que el futuro les depara?

En línea con lo expresado en los dos últimos párrafos, el liderazgo de las organizaciones necesita cultivar constantemente su sentido estratégico y su perspectiva del entorno, para anticiparse a los cambios, expandir la capacidad de innovación de la organización y garantizar su sustentabilidad en el tiempo.

Desarrollando un Liderazgo Visionario

Para reflexionar:

1. ¿Piensa usted en forma estratégica, es decir, con capacidad de anticipación del futuro?

2. ¿Habitualmente los cambios del entorno le toman por sorpresa, o es capaz de anticiparse a ellos?

3. ¿Invierte usted tiempo en pensar en el futuro? ¿Conoce usted algún mecanismo o herramienta de pensamiento que le facilite dicho proceso?

Pasos a seguir:

1. Cultive el hábito del pensar en forma estratégica. El ser estratega es una actitud de vida, una forma de ser y estar en el mundo, no una herramienta que se desempolva en las crisis.

2. No improvise, piense con mentalidad estratégica. Sea previsivo y proactivo en relación con todos los recursos que necesitará para alcanzar sus propósitos. Una mente previsiva no es fácil que sea sorprendida en forma inesperada por las circunstancias.

3. Traduzca su visión estratégica en un plan de acción que incluya a toda la organización.

II

¿CÓMO ARTICULA EL LÍDER LA VISIÓN?

Concibiendo la visión de un futuro prometedor

Arnoldo A. Arana A.

¿De dónde surge la visión del líder? ¿Qué fuerzas o factores influyen en su definición? ¿Cómo engendra el líder la visión? ¿Qué fuentes utiliza para inspirarse y definirla? Algunos historiadores y biógrafos de líderes célebres definen la visión de éstos como una chispa mágica propia de un genio o talento superior, o una especie de fuerza interior misteriosa que opera en el líder. Quizás en algunos casos la realidad corresponda a tal apreciación, pero una revisión exhaustiva muestra que mayoritariamente la visión no procede de una energía o fuerza mística dentro del líder. Al respecto dos de los más respetados estudiosos del liderazgo como lo son Warren Bennis y Burt Nanus comentan que la visión no se origina en la personalidad del líder, sino más bien en otros.[1] Agregan los mencionados autores en relación con algunos líderes visionarios reconocidos:

> "John Kennedy pasó mucho tiempo leyendo libros de historia y estudiando las ideas de los grandes pensadores. Martin Luther King encontró muchas de sus ideas en el estudio de la religión y de las ideologías sobre la ética, lo mismo que en las tradiciones de su propio pueblo y de otros. Lenin recibió gran influencia de los conocimientos de Karl Marx, tanto como muchos líderes empresariales son influidos por los trabajos de economistas destacados".[2]

Lo mismo podría decirse de líderes como Simón Bolívar o Mohandas Gandhi. Bolívar, conocido como el Libertador de América, se inspiró en las ideas precursoras de Francisco de Miranda y en las ideas de libertad, igualdad y fraternidad que enarbolaba la revolución francesa. Por otra parte, Bolívar interpretó el sentir de un pueblo que clamaba por la emancipación de un yugo extranjero. Gandhi en la India tuvo como antecedente su experiencia de lucha contra la discriminación racial en Sudáfrica. Así mismo, su conocimiento de las necesidades y problemas de la gente, adquirido en sus viajes al interior de la India, observando y contactando la realidad, fue lo que le permitió interpretar la voz de un pueblo, y articular una visión arraigada tanto en los hechos como en la esperanza de un futuro diferente y mejor.

15

Este proceso de contacto con la realidad de las personas y organizaciones, con el entorno que rodea al líder, es indispensable para articular una visión inspiradora, motivadora, persuasiva, influyente y guiadora del futuro de una organización; una visión que haga resonancia en el corazón de las personas.

El líder visionario actúa como una caja de resonancia de los sueños y aspiraciones de la organización o grupo de personas. La visión del líder es, pues, una respuesta a los problemas reales y centrales de los sistemas sociales, incluyendo los que ocurren dentro de cualquier organización. No es un ejercicio académico. Como lo expresa Manuel Barroso, la visión se amarra a las necesidades de los individuos, dentro del contexto organizacional y del negocio especifico.[3] La visión del líder tampoco es simplemente una radiografía de los problemas y necesidades de la gente y las organizaciones, sino primordialmente la visualización de un futuro más prometedor y esperanzador. Al respecto Stephen R. Covey dice que sin visión y sin una sensación de esperanza, aceptar la realidad puede ser algo deprimente y desalentador.[4]

> El líder es un intérprete de la realidad que con imaginación, creatividad e intuición articula escenarios futuros en forma optimista

El líder es un intérprete de la realidad que con imaginación, creatividad e intuición articula escenarios futuros en forma optimista, vale decir, selecciona las imágenes, resume el sentir de un grupo y articula lo que hasta ese momento nadie había vocalizado, pero que quizás existía dentro de las personas, dándole forma y legitimidad a las aspiraciones y esperanzas de un futuro mejor. Ese es el valor de la visión que articulan los líderes, una imagen de un futuro mejor.

El líder es, entonces, aquel que interpreta la realidad de una organización, nación, etc., y logra articular una visión clara, coherente, emocionante e inspiradora de un futuro mejor. En este sentido Robert E. Quinn comenta que una visión influyente refleja la perspicacia de un individuo o grupo que ha contemplado profundamente los problemas centrales.[5] Y agregan Warren Bennis y Burt Nanus:

"Si hay una chispa de genio en la función de liderazgo, debe radicar en esta capacidad trascendental, una especie de magia, para ensamblar – a partir de toda la variedad de imágenes, señales y alternativas – una visión claramente articulada del futuro, que sea a su vez sencilla, de fácil comprensión, claramente deseable y enérgica".[6]

Se espera, pues, que el líder abra o contribuya a abrir brechas, crear los escenarios, diseñar y ensamblar la visión.

El líder para articular su visión necesita ser abierto y receptivo a los planteamientos de las personas, ser un buen oyente, establecer canales de comunicación - puentes y contextos – entre él y sus seguidores, y cultivar la retroalimentación de arriba hacia abajo y viceversa. El líder también necesita aprender a leer los procesos que se mueven en lo interno de la organización y en el entorno que le rodea (procesos de trabajo, mercado, cultura organizacional, cambios tecnológicos, sistemas, potencial de las personas, etc.). Manuel Barroso lo expresa en forma convincente al decir que es una manera de mirar hacia adentro, después mirar hacia fuera, mirar hacia atrás, mirar hacia adelante, mirar en todas las direcciones, y desde esa diversidad de escenarios, seleccionar la mejor manera de intervenir.[7]

Diferencias entre la perspectiva del líder y del gerente

Hay una diferencia entre cómo mira el líder y cómo mira el gerente. El gerente mira a través de los modelos y teorías aprendidos. El líder ve con los lentes de la creatividad, la imaginación y la intuición. Porque como lo expresa Wolfgang Gil, la visión no es una proyección lineal desde el presente. No es el resultado de un cálculo utilitario. Todo lo contrario es una visión que viene desde el futuro hacia el presente, producto de las expectativas más profundas iluminadas por la imaginación.[8] En este sentido son oportunas las palabras de Albert Einstein: "Creo en la intuición y en la inspiración. En ocasiones me siento seguro de estar en lo cierto sin saber la razón para ello. La imaginación es más importante que el conocimiento pues éste es limitado mientras que la imaginación puede abarcar todo el mundo".

Construyendo la visión

A veces la visión no es tan evidente. La visión no surge espontáneamente, debe ser descubierta y construida progresivamente en la mente y experiencia del líder, en la medida que éste acciona. Se genera a través de un proceso dinámico e interactivo con la realidad. Wolfgang Gil dice que la visión no es algo que podamos poseer. Más bien es algo que nos posee. Es muy importante que sepamos cuál es la visión que está agazapada en el fondo de nuestra mente. Algunos tienen la bendición de tenerla clara. La mayoría, no.[9] Lo cierto es que hasta que el líder no la visualiza, le crea una estructura, le da forma, logra articularla en forma clara, se apasiona con ella y fortalece su resolución para alcanzarla, es solo una imagen borrosa - una buena intención.

Como líder, engendrar y conseguir expresar su visión, va a requerir realizar esfuerzos importantes y una inversión de tiempo considerable. Stephen R. Covey llama a este proceso encontrar su voz propia y utilizarla.[10] Este proceso demanda del líder aprender a conocer su verdadera naturaleza y sus dones, y a cultivar una profunda comprensión de las necesidades y las oportunidades que le rodean.

Muchas personas no logran articular su visión de lo que desean hacer realidad, y menos traducir esa visión en significados entendibles a otras personas. El líder, por el contrario, desarrolla la capacidad de sintetizar, articular y expresar su visión; logra plasmar con coherencia y entusiasmo un estado deseado de las cosas, y proyecta la visión como un futuro mejor. Al respecto Robert Quinn comenta que es mucho más fácil enfocarse en resolver los problemas actuales que moldear el futuro. Es más fácil ser un analista operacional y un supervisor que ser un motivador y un emprendedor.[11]

Engendrar una visión es un proceso difícil y que demanda un gran compromiso por parte del líder, porque requiere algo más que datos, información y análisis. En el proceso de concebir y articular la visión, el líder compromete todos sus recursos internos (emocionales, espirituales e intelectuales). La visión es más que un ejercicio intelectual para el líder; la visión demanda un gran involucramiento emocional, que consume la energía y los recursos de atención del líder. Concebir la visión para el líder, es como el proceso de embarazarse para la mujer. La visión necesita ser alimentada y sustentada, como la mujer al feto, desde las propias entrañas y energía interna. Robert E. Quinn dice acertadamente que una visión valiosa no surge de un compromiso sin dolor.[12]

> La visión del líder desata energías y recursos y direcciona - alinea esfuerzos que acercan el futuro deseado al presente.

El líder necesita, pues, tomar contacto emocional con la visión, y es precisamente su contacto emocional con la visión, lo que provee al líder del compromiso, la energía y el enfoque para concebir, sustentar y dar a luz la visión. Su contacto emocional con la visión, con sus propias necesidades y las de la organización, se convierten en la brújula interna que le guía en el proceso de sintetizar y articular la visión de un futuro mejor.

La visión: Un proceso del futuro al presente

Cuando el líder logra articular en forma clara y viva su anhelo, sueño y pasión en la forma de una visión lo hace a través de ideas, metáforas, imágenes, y modelos; logra traducir para él mismo y para otros su percepción de un futuro mejor para la organización en forma de significados. De esta forma el líder articula una visión inspiradora y emocionante, pero a la vez viable y creíble. Y dado que la visión representa un proceso en prospectiva más que en retrospectiva, la visión inspiradora del líder permite inventar e imaginar un futuro mejor, porque la visión del líder comienza con su imagen del futuro. No es solo una proyección desde el presente hasta el futuro. Al respecto dice Wolfgang Gil que el futurable (la visión de futuro) no nace de una extrapolación del presente hacia el futuro. Eso lo mejor que produce es un pronóstico.[13] También dice que el futurable es el sueño transformador.[14] De esta forma el líder influye en la formación del futuro. La visión del líder permite moldear el futuro. La visión del líder desata energías y recursos y direcciona - alinea esfuerzos que acercan el futuro deseado al presente.

A modo de conclusión

Las visiones son expresiones naturales del ser humano. Ellas afloran procedentes del corazón (sueños, anhelos, esperanzas, expectativas); pero también pueden morir fácilmente si no se les cultiva. Las visiones, si no se alimentan frecuentemente por el líder, pueden ser presas fáciles de la crítica, el negativismo, la incomprensión, el pragmatismo, la conveniencia temporal o el conformismo propio y de las personas que le rodean. Si constantemente la visión no es recordada, visualizada, imaginada, alimentada, anhelada y experimentada en la vida diaria del líder y de la organización, ésta pierde la fuerza motora que la caracteriza. Mientras mayor sea la conciencia, el conocimiento, la experiencia y el contacto emocional que el líder tenga con la visión, mayor será su deseo, expectativa, apetito, apremio y sentido de urgencia por hacerla realidad.

La visión representa la evidencia de la verdadera autoexpresión de un líder. Y mientras más claramente el líder logre articular y expresar su visión, más plenamente se está expresando, porque la visión recoge las aspiraciones del líder, sus experiencias, sus instintos, su pasión por las promesas de la vida; ese deseo profundo por realizar un sueño. Cuando ese anhelo y pasión profundos logran expresarse en una visión y representan una contribución valiosa para otras personas, el líder está en la ruta de generar influencia.

Por otra parte, la visión del líder no solo es un camino a través del cual éste expresa sus anhelos, sus creencias y su pasión, sino que ésta viene a significar una respuesta a las necesidades de otras personas, las cuales se sienten representadas e identificadas con la visión de líder. Las personas requieren sentirse representadas en la visión, sentir que ésta les es relevante a la consecución de sus objetivos y afín a sus creencias y convicciones.

Desarrollando un Liderazgo Visionario

Para reflexionar:

1. Cómo líder, ¿es consciente de la necesidad de contar en su organización con una visión que inspire, direccione y empodere?

2. ¿La visión de su organización es expresión de las necesidades y aspiraciones de un futuro prometedor, o es un mero ejercicio académico? Recuerde que la visión es una respuesta coherente a los problemas centrales de la organización.

3. ¿Está usted apasionado y motivado con la imagen de un mejor futuro para su organización?

Pasos a seguir:

1. Conviértase en un soñador despierto. Explote su imaginación y creatividad para concebir una gran visión para su organización.

2. Desarrolle una conexión emocional con la visión; apasiónese con esa esperanza de un futuro mejor que ella representa.

3. Comprométase con la visión organizacional. Promueva valores cónsonos con la visión. Sea ejemplo para sus seguidores al estar continuamente enfocado en la visión.

III

LA VISIÓN: FUENTE DE PODER DEL LÍDER

Desarrollando la visión que empodera

Arnoldo A. Arana A.

El poder es inherente al liderazgo. El liderazgo sin poder es un liderazgo devaluado. El poder es el combustible del liderazgo. El liderazgo y el poder se implican recíprocamente. Liderazgo y poder están intrínsecamente relacionados: uno no puede existir sin el otro. El poder es el fundamento de cualquier forma de liderazgo. Sin poder no hay liderazgo, pero el ejercicio del liderazgo que tiene como base un poder alienado, es peligroso y destructivo; es la negación del liderazgo.

Para el líder el poder es una vía para lograr los objetivos y alcanzar la visión; una fuerza para cambiar el medio circundante; un medio para obtener lo que el líder se propone alcanzar o lograr en el ejercicio de su liderazgo.

Ese poder del líder para cambiar el entorno circundante no le viene dado por la posición o la jerarquía organizacional, ni por su investidura legal. No es asunto de cargos, nombramientos o títulos. Tampoco es un asunto de metodologías y herramientas. El ejercicio del poder se centra más en la personalidad y no en la técnica. El poder es profundamente personal. Es más un asunto de carácter y habilidad. Tiene que ver con la capacidad del líder para responder a los retos y desafíos de la realidad. Está relacionado con la capacidad del líder para afrontar la realidad, descifrarla y transformarla.

El poder, entonces, es una capacidad del líder, no es una fuerza o estatus que se le otorga desde afuera. H.B. Karp dice que el poder es una habilidad intrapersonal[1], y que la capacidad para el poder es interna y no está sujeta a influencias externas.[2]

Warren Bennis, por su parte, dice que el poder es la energía básica necesaria para iniciar y continuar una acción… la capacidad para traducir intención en realidad y continuarla.[3] Manuel Barroso está alineado con esa óptica de pensamiento al decir que el poder es energía que se mueve hacia objetivos definidos.[4] Esta capacidad para movilizar la energía propia hacia objetivos y visiones personales y organizacionales, es una habilidad que no puede faltar en el ejercicio del liderazgo.

21

El poder es energía, pasión, inspiración, determinación de la voluntad, entusiasmo y convicción en el líder; pero para que el poder sea canalizado y se exprese con efectividad, requiere de una forma que le dé estructura y permita canalizarlo; esa forma es el liderazgo. Y también necesita de un sentido de dirección que le permita enfocarse y lograr efectividad; esa dirección la provee la visión.

El poder del líder emana de la visión

En un líder el poder se evidencia en la capacidad de éste para convertir la visión en realidad, por eso el poder siempre necesita tener un lugar en la visión del líder. Por otra parte, la visión empodera al líder, y éste empoderado tiene la capacidad de traducir la visión en realidad. Poder y visión están estrechamente relacionados y vinculados además al liderazgo. Warren Bennis compara la visión con el producto comercial de los líderes, y al poder con su dinero.[5]

Dean Spitzar comenta que la clave del liderazgo siempre ha sido dual: dirección y energía. El liderazgo es un vector; debe tener tanto dirección como energía.[6] Y ambas dimensiones se necesitan para lograr la visión y los objetivos de la organización. Sin energía, la estrategia, aun acertada, pierde efectividad. La dirección sin energía es estéril, y la energía sin dirección es caos. La visión tiene la virtud de producir tanto energía (pasión, entusiasmo, inspiración), como dirección (un norte, una brújula). Ambos aspectos son esenciales en el manejo de la visión: dirección para proveer enfoque y empoderamiento, y energía para lograr alcanzar la visión.

> El poder es profundamente personal. Es más un asunto de carácter y habilidad. Tiene que ver con la capacidad del líder para responder a los retos y desafíos de la realidad.

Aprender a usar el poder para liderar, vale decir, generar influencia para conseguir los resultados con base a objetivos trazados y compartidos, requiere aprender a usar la capacidad de movilizar la energía propia hacia una visión y unos objetivos definidos, con el fin de transformar el entorno.

Algunos líderes tienen inhabilitada esa capacidad del poder. Muchas veces los líderes terminan desempoderándose, saboteando la expresión de su habilidad para conseguir lo que se proponen. Una de las razones más poderosas por qué los líderes se desempoderan, es la falta de una visión clara.

Sin visión no se puede enfocar el poder. Sin visión el poder se disipa por carecer de una dirección en la que encauzarse. El proverbial sabio Rey Salomón refirió que sin visión el pueblo se desenfrena[7]; presentando una perspectiva sobre la visión como catalizadora hacia la claridad interna de cada miembro de equipo y la cohesión entre los miembros del mismo. Para comprender la visión es interesante explorar los efectos de su ausencia, en este caso, el desenfreno que causa. La raíz de la palabra "desenfreno" evoca la soltura de amarras, el quedar a la deriva, andar sin control, no tener punto conector y/o alguien que queda solo, abandonado. Es posible entonces imaginar dentro de esa connotación la metáfora de las aguas impetuosas de un gran río que llegan a un gran lago represado donde encuentran calma a fin de surtir a una gran turbina de generación hidroeléctrica, la cual sirve como canalizadora de la fuerza del agua. El agua del lago no se desborda ya que tiene por donde salir, tiene una infraestructura que le permite canalizar productivamente su fuerza, a fin de producir bienestar y servicio a muchas personas que se benefician del servicio de la energía eléctrica que se deriva de ese proceso. Sin embargo, si en un momento se deja de canalizar el ímpetu de las aguas represadas, desde ese momento se empieza a correr el riesgo de que se desborden (desenfrenen) las aguas, sobre todo en tiempos de lluvias torrenciales. Igualmente funciona en el liderazgo, cuando un líder agrupa seguidores y sus capacidades son bien canalizadas y concentradas en pos de una visión, se produce una gran potencia de servicio que puede impactar positivamente a muchas personas; sin embargo, si no se canaliza el ímpetu, habilidades, talentos y anhelos hacia una visión en particular, ese líder corre el riesgo de que los esfuerzos de sus seguidores se difuminen y se desborden, es decir, se desenfrenen. El reto es definir, comunicar y ejecutar efectiva y cuidadosamente la visión; y lograr así que la gente no se desenfrene, sino que se alinee e inspire a trabajar con ímpetu.

> Sin visión no se puede enfocar el poder. Sin visión el poder se disipa por carecer de una dirección en la que encauzarse.

El poder, entonces, emana de la visión. Sin visión el poder se diluye, o peor aún, se estanca, por carecer de una guía y un norte hacia donde movilizarse. Por el contrario, el poder se convierte en la energía del líder para emprender y continuar las acciones que conlleven al logro de los objetivos propuestos, cuando existe una visión que brinde dirección al poder y facilite su enfoque. El progreso en la consecución de la visión, es el factor que mide el grado de poder con que se desempeña un líder.

El poder se expresa cuando se direcciona y canaliza la energía del líder hacia objetivos definidos. La falta de visión le quita capacidad al líder, lo desgasta, porque lo priva de la brújula que encauce el desarrollo y la expresión de su potencial (energía, talentos, habilidades, personalidad, etc.), que son la base de su poder.

Sin visión la energía en potencia se encuentra en estado estático, queda sin la capacidad para generar cambios y transformaciones. Por el contrario, la visión moviliza a la acción todos los recursos internos del líder; brinda un cauce para que el poder de éste se exprese.

La visión empodera al líder, porque la visión enfoca al líder, y hay un poder tremendo en una vida enfocada. La visión también es uno de los instrumentos más efectivos con que cuenta el líder para empoderar a la organización. Por eso acertadamente Joseph Quigley define el poder de un líder como su capacidad de convertir una visión y los valores que la apoyan en realidad y sustentarla.[8] En la medida que el ejercicio del poder por parte del líder, inspira en otros el alcance de la visión y los objetivos propuestos por la organización, su posición como líder se expande y fortalece.

Desarrollando un Liderazgo Visionario

Para reflexionar:

1. ¿Dónde está su poder? ¿Adentro o fuera? ¿Es otorgado desde afuera (jerarquía organizacional) o emana de su presencia o vida interior (autoestima, carácter)?

2. El liderazgo que ostenta, ¿es por el cargo o el puesto? ¿Es consecuencia de la influencia que genera a través del recto uso del poder?

3. ¿Cuenta con una visión clara como su fuente de poder, que le energiza, inspira y moviliza a la acción?

4. ¿El poder que expresa tiene una orientación utilitaria, o busca el control, o está al servicio del propio ego, o está orientado el logro de una visión y objetivos compartidos?

Pasos a seguir:

1. Cultive la vida interior como la base de poder para movilizar sus recursos internos, con miras a alcanzar la visión y los objetivos estratégicos.

2. Cultive los valores asociados a la visión como la referencia esencial que lo mantenga alineado a ésta y, por ende, empoderado.

3. Facilite el compromiso con la visión organizacional, como una base para empoderar a sus colaboradores.

IV

LA VISIÓN: UN FUTURO DESEADO Y COMPARTIDO

Comunicando la visión con efectividad

Jesus A. Sampedro Hidalgo

La capacidad de envisionar o de manejar una visión es realzada como un componente o atributo vital en el paquete personal de los líderes que generan genuinas transformaciones; sin embargo, el grado en el que la visión es compartida por el líder y sus seguidores determina en gran manera su potencial de cumplimiento. Es por eso importante explorar los instrumentos, estrategias, eventos o procesos a través de los cuales el líder logra asegurar la comprensión, apreciación y adhesión conjunta a la visión de la gente en los diversos niveles de una organización. Sea cual fuere el nombre asignado al proceso de intercambio comunicacional de la visión (en lo mental, emocional y espiritual) que de acuerdo a la diversidad de cosmovisiones del proceso pudiese surgir; a la final es el líder el responsable de transmitir, compartir, activar, despertar, retroalimentar, transferir, complementar, clarificar, y dar forma y vida a la visión, de manera que logre inspirar y alinear a la gente a la consecución de la misma.

Interpretación y visualización de la visión organizacional

Según Bennis y Nanus para "elegir una dirección, el líder primero tiene que desarrollar una imagen mental de un estado futuro de la organización que sea posible y deseable"[1]. Esta imagen mental del futuro involucra el poder articularla y crear una imagen visual de ella. Al buscar un sentido genuino de la visión organizacional en la mente del líder, o al tratar de encontrar su verdadero significado para el líder; es interesante, entre otras cosas, descubrir su habilidad para articular la visión en pocas palabras. Igualmente, el líder también es capaz de proveer medios alternativos para una explicación más detallada, en caso de ser necesarla.

Existe evidencia de que los líderes que han generado transformaciones trascendentales, han pensado intensamente acerca de la visión, han analizado conscientemente sus aristas y lo que implica (y lo que no también), e inclusive la han memori-

25

zado. A pesar de que la mayoría de las reflexiones visionarias de líderes de diversos tipos de organizaciones se muestran realmente diversas y creativas, es interesante observar cómo se explican por sí solas al presentarlas. Es decir, a la hora de transmitir una visión efectivamente, los líderes llegan a ser tan genuinos, creativos y descriptivos como sea necesario.

Los líderes no solo usan su imaginación para involucrar la intuición y el intelecto, sino que también a la final logran hacer emerger de forma colectiva una imagen clara de la visión que se pretende alcanzar.

El uso por parte de los líderes de una rica gama de descripciones pictóricas para expresar la visión es también evidenciada por su entusiasmo de mirar a través de diferentes ángulos o perspectivas para explicar su significado deseado. Según el autor Sanders, los insights (o tomas de conciencia significativa) y la prospectiva son estimulados al involucrar los poderes de la intuición y el intelecto a través del uso de imágenes visuales.[2] Sanders también menciona que los insights usualmente emergen al consciente a través de los ojos de la mente en forma de imágenes, símbolos, e incluso notas musicales, ecuaciones matemáticas, y metáforas de ensueño.[3]

Por ejemplo, Walt Disney visualizó un sitio mágico donde sus personajes se hicieran realidad, Kennedy solicitó que para el fin de la década se pusiera un hombre en la luna, Bolívar se imaginó al continente americano libre e integrado.

Los líderes no solo usan su imaginación para involucrar la intuición y el intelecto, sino que también a la final logran hacer emerger de forma colectiva una imagen clara de la visión que se pretende alcanzar.

Comunicación de la visión organizacional y la creación de significados compartidos

Es importante tener un sentido de propósito y dirección común en los equipos de trabajo. Esto precisa traducirse en la búsqueda continua de consenso, y un alto grado de responsabilidad compartida en torno a las decisiones tomadas. La visión compartida ayuda a lograr ese consenso. Toda la organización depende de la existencia de significados compartidos y de interpretaciones de la realidad, que facilitan la acción coordinada. Por eso la visión es un rasgo fundamental del liderazgo. El líder es el forjador de la visión por excelencia, pero si la visión no es comunicada eficazmente queda atrapada en las fronteras mentales del líder y pierde su función direccionadora e inspiradora. El líder necesita transmitir una visión clara, coherente y creíble. El que los miembros de una organización compartan una visión, se responsabilicen y comprometan con ella, depende en gran medida de la efectividad con que ésta es comunicada.

Según Bennis y Nanus, los líderes no solo articulan la visión, sino que también la expresan a través de una retórica cautivante que enciende la imaginación y las emociones de los seguidores.[4] Mientras mejor sea comunicada la visión, mayor grado de cohesión estará presente entre el personal a todo nivel. Desde esa perspectiva, es más fácil comprender las conexiones entre la visión, la estrategia y las dinámicas clave que determinan la posición competitiva de cualquier organización.

Comunicar una visión es tan importante como tener una visión, por eso los líderes involucran o movilizan a otros a través del uso de variados medios o mecanismos para comunicar la visión y generar así entusiasmo y compromiso con la misma.

Algunos líderes prefieren la comunicación uno-a-uno, o cualquier otro método para comunicarse que tenga alto nivel de toque personal, ya que la consideran más efectiva. La suposición que subyace debajo de esta preferencia es la fuerte convicción que tienen los líderes con respecto a la "transferencia de la visión" a través del contacto personal. Derek Traut, especialista en negocios en internet, comenta que traducir la visión es un proceso personal que encuentra sus mejores momentos a través de canales informales de comunicación tales como sencillas conversaciones.[5] Sin embargo, el hecho de considerar diversas formas de comunicar la visión organizacional representa una forma de asegurar que ésta llegue finalmente a ser compartida. Este proceso requiere medios que sean adaptados específicamente a los estilos preferidos de aprendizaje de los seguidores, en vez de esperar que ellos comprendan la visión solo a través de la forma en cómo quiere el líder empaquetarla. Nelson Mandela en una oportunidad se refirió a esto al mencionar que "Si hablas con un hombre en un lenguaje que entiende, tus palabras irán a su cabeza. Si le hablas en su propio idioma las palabras irán a su corazón".[6]

Uno de los más grandes retos comunicacionales de cualquier líder con respecto a la visión organizacional está representado en la pregunta: ¿Piensa usted que si se consultara al cinco por ciento (5%) de sus seguidores o empleados (seleccionados al azar de diversos niveles jerárquicos de la organización), serian capaces de articular la visión de la organización apropiadamente? Esta prueba-de-ácido toma por sorpresa a muchos líderes y les reta a actuar al respecto. Sin embargo, la aplicación de esa prueba-de-ácido es también una herramienta para que los seguidores aseguren sus niveles de compromiso con la visión de la organización. Como resultado de eso, se espera validar el uso y vigencia de los instrumentos comunicacionales empleados, percibir el nivel existente de significados compartidos, el sentido conjunto de direccionamiento organizacional, y el nivel de pasión y compromiso por la visión de los que son parte de una misma organización.

Alentando el compromiso con la visión a través de la persuasión

Hasta el momento se ha considerado importante el tener una visión y comunicarla; sin embargo, los líderes necesitan asegurar que la visión no solo sea una interpretación de la realidad deseada y en congruencia con las necesidades de la gente, sino que también sea realmente compartida y provea significado colectivo, de manera que construya coherencia y compromiso simultáneamente en todos los niveles organizacionales. Según Bennis y Nanus, el compromiso a la visión requiere más que asentir verbalmente, mucho más que solo dialogar e intercambiar.[7] Incluso Jarrín comenta que si una visión tiene que ser comunicada, no funciona; enfatizando así la idea de tener personas que trabajen en el desarrollo de la visión en todos los niveles y con diversas estrategias, en vez de solo recibirla en una declaración escrita.[8] Y la razón principal detrás de todo esto es que a menos de que exista una conexión integral y multisensorial con la visión (es decir, con elementos emocionales, espirituales y experienciales), difícilmente se activará el entusiasmo colectivo en pro de construir la misma. Para esto entonces se requieren habilidades que active un proceso persuasivo e interactivo que faciliten el afianzamiento integral de la visión.

> Los líderes necesitan asegurar que la visión no solo sea una interpretación de la realidad deseada y en congruencia con las necesidades de la gente, sino que también sea realmente compartida y provea significado colectivo

Desarrollando un Liderazgo Visionario

Para reflexionar:

1. ¿Cómo comunicar la visión de tal manera que su gente conozca la razón y el motivo detrás del mensaje?

2. ¿Cómo lograr que su audiencia reconozca y acepte la visión propuesta?

3. ¿Qué metáforas, analogías e historias puede utilizar para ayudar a su gente a ver, sentir y comprender el motivo o la razón de su mensaje, a fin de construir y desarrollar un contexto compartido para lograr el compromiso con la visión organizacional?

Pasos a seguir:

1. Invierta tiempo y esfuerzo en desarrollar sus habilidades comunicacionales y de persuasión. La efectividad comunicacional es esencial para inspirar con la visión a los miembros de la organización.

2. Desarrolle congruencia personal para generar confiabilidad al forjar la visión. Sin confiabilidad no hay capacidad de persuasión.

3. Tome contacto emocional con la visión, apasiónese con ella.

V

INSPIRACIÓN Y PERSUASIÓN

Elementos clave para una visión compartida

Jesus A. Sampedro Hidalgo
Arnoldo A. Arana A.

El líder aporta y despierta tanto cerebro como corazón a la relación líder–seguidor. Por un lado presenta argumentos y busca convencer a sus seguidores a fin de buscar constantemente alineamiento organizacional; y por otro lado, moviliza los sentimientos de los seguidores, persuadiendo el corazón y movilizando la energía de la gente. No se trata de forzar la visión, sino más bien de forjarla a través de un intercambio sano de ideas que convence por su fuerza moral y aspiracional. Esta habilidad del líder de persuadir a sus seguidores es fundamental para facilitar el compromiso y el alineamiento con la visión de la organización.

Persuadir es más que convencer. Lograr convencer, según Gayol Fernández, es lograr con razones la aceptación de una verdad, venciendo la duda o cualquier otra resistencia o negativa mental.[1] La convicción obra sobre la inteligencia cognitiva: su elemento propio es la lógica del razonamiento, la fuerza de la argumentación, la dialéctica. La convicción es importante para lograr la comprensión por parte de la gente.

> El líder necesita, pues, hacer uso de la persuasión para transmitir su energía visionaria: pasión, poder, motivación y fuerza.

La persuasión es movilizar la voluntad, impulsándola a la realización de algo. La persuasión actúa sobre el corazón, en cuanto se direcciona a la sensibilidad: su elemento propio es lo patético, lo emocional, que conquista la voluntad, y la interesa en la aceptación o la ejecución de algo. La persuasión es fundamental para lograr el compromiso de las personas con la visión.

Ambos elementos, convicción y persuasión, necesitan estar presente en la oratoria (discurso) y estilo comunicacional de los líderes. Pero como el liderazgo es un asunto de movilizar, motivar e inspirar a las personas, se requiere de elementos de convicción para lograr verdadera persuasión.

Una de las competencias fundamentales en un líder es su capacidad para persuadir a sus seguidores a fin de movilizar su voluntad al logro de la visión y los objetivos organizacionales. Esto se hace énfasis en el desempeño. Es decir, que un líder persuasivo logra que la gente no solo quiera ir sino que terminen yendo por ellos mismos en una dirección en particular; el líder logra movilizar a su gente hacia lo concreto de la visión, esto es, al cónsono logro de las metas. El líder necesita, pues, hacer uso de la persuasión para transmitir su energía visionaria: pasión, poder, motivación y fuerza.

Elementos Aristotélicos de retórica para la persuasión

El profesor de Harvard, Nitin Nohria considera que los líderes efectivos manejan con maestría los elementos clásicos de la retórica propuestos por Aristóteles siglos atrás. Nohria considera que es posible alcanzar a la gente a través del *logos* o la lógica, al apelar con contenido, a su sentido de lo que es racional y lógico.[2] También es posible usar *pathos*, al apelar a sus emociones o al aspecto compasivo del ser humano; o es posible también argumentar algo basándose en su *ethos*, o el sentido de valores que sin duda refieren al carácter, la credibilidad o las credenciales éticas del líder. Al respecto menciona que los grandes líderes pasan gran parte de su tiempo comunicándose, y saben cómo integrar y emplear sabiamente esos tres elementos retóricos propuestos por Aristóteles.[3] En este sentido, la idea es comunicarse efectivamente como una persona completa a la persona completa. Los grandes líderes usan de forma extensiva estos elementos retóricos y así logran facilitar los medios comunicativos; lo cual a su vez determina la capacidad de los miembros de experimentar significado y unidad.[4]

A continuación se presentan estos elementos con más detalle:

Ethos (credibilidad)

Quién es el líder resulta ser más importante que lo que dice y hace, porque quien es determina lo que la persona dice y hace. La credibilidad es la base de la influencia. La credibilidad se traduce en confiabilidad y predecibilidad: la gente sabe que esperar del líder. Se requiere generar confianza para poder persuadir. La confianza tiene dos vías por donde se genera: integridad y capacidad. La gente confía en la congruencia e integridad del líder y en su competencia para resolver problemas y tomar decisiones acertadas. Este es el primer elemento de la persuasión. El líder necesita dejar constancia de su credibilidad antes de intentar persuadir y convencer. Entonces la gente acepta al líder y se crea un contexto de confianza. La credibilidad crea un puente de comunicación para la interacción entre el líder y sus seguidores.

La credibilidad está asociada a las acciones del líder, que le ganan un posicionamiento entre sus seguidores. La credibilidad está relacionada con la práctica de la verdad, honrar los compromisos, cumplir las promesas hechas, actuar con honestidad, tener posturas claras y firmes, tener congruencia entre lo que se dice y hace, actuar con transparencia, asumir la responsabilidad por sus acciones, etc. Si los seguidores no confían en el líder, no aceptarán el mensaje de éste, por muy lógico y lleno de evidencias y argumentos que éste sea.

En relación a la visión, el líder necesita modelar con sus acciones el compromiso con el logro de la visión. Este compromiso también lo palpa la gente, a través de la congruencia que muestra el líder con los valores que acompañan y soportan la visión. Ciertamente, la vida del líder, su carácter, integridad, compromiso y competencia deben representar un ejemplo a seguir, porque la gente apoya primero al líder y luego a la visión que este plantea. Según John Maxwell al principio la gente no sigue causas dignas. Siguen a líderes meritorios que promueven causas loables.[5] No se puede separar al líder de la causa que promueve. Deben marchar juntos: un buen líder y una buena causa. A continuación se presentan varios escenarios que conjugan líderes, visiones y resultados:

LÍDER	+	VISIÓN	=	RESULTADO
No apoyan		No apoyan		Buscan otro líder
No apoyan		Apoyan		Buscan otro líder
Apoyan		No apoyan		Buscan otra visión
Apoyan		Apoyan		Siguen al líder

Fuente: John C. Maxwell.

Pathos (Compasión)

El líder necesita hacer también la conexión emocional con sus seguidores. Necesita crear el ambiente psicológico, que cree apertura y receptividad entre sus seguidores. Para eso el líder necesita escuchar a sus seguidores y mostrar empatía genuina (compasión). La gente, entonces, hace suyo el mensaje del líder, y se motiva a seguirle y a trabajar junto al él, por el logro de la visión y los objetivos que éste plantea.

Las emociones son una parte fundamental para la efectividad de un mensaje. Los griegos decían lo efectivo es lo afectivo. El líder necesita estimular las emociones de sus seguidores y despertar la pasión en ellos. Para lograr efectividad, las emociones tienen que correr en la dirección de las acciones.

Logos (contenido)

Capitalizando sobre las bases anteriores, el líder estará en condiciones de presentar razones, argumentos, convicciones y mediciones (data, estadística, etc.). En ese momento la gente entiende y reacciona con una percepción favorable. La gente también necesita razones para la acción.

Ahora bien, es importante comprender que según refiere Howard Hendricks, las palabras son símbolos; tomamos estos símbolos y los arreglamos sistemáticamente en un orden particular – una sintaxis, una gramática – y entonces tenemos el lenguaje como instrumento de comunicación. Pero no podemos quedarnos ahí. Los símbolos – las palabras – no son lo que queremos comunicar. No es un mensaje de palabras que comunicamos.[6] Como líderes comunicamos una visión y una pasión. Y eso requiere otras formas de comunicación además de los contenidos (datos, cifras, etc.); requiere expresión de las emociones y requiere expresar modelando en carne propia lo que se dice.

	ETHOS	PATHOS	LOGOS
Propósito	Establecer la credibilidad	Crear el ambiente psicológico	Definir las razones
Comportamientos / competencias asociados	• Integridad • Capacidad	• Escuchar activamente • Ser empático • Proveer retroalimentación	•Argumentos claros y convincentes •Mediciones
Actitud a provocar	Lo acepto	Lo hago mío	Lo entiendo
Resultado	Confianza	Motivación	Percepción favorable

Desarrollando un Liderazgo Visionario

Para reflexionar:

1. ¿Transmite usted la visión con energía visionaria: pasión, poder, motivación y fuerza?

2. ¿Los miembros de su organización le apoyan tanto a usted como a la visión que comunica?

Pasos a seguir:

1. Desarrolle competencias de persuasión que coadyuven a la comunicación efectiva de la visión.

2. Provea a su gente inspiración para avanzar en la consecución de la visión. La visión no se forza; se forja proveyendo inspiración y fuerza moral.

3. Practique y consolide los tres factores esenciales de la retórica aristotélica de la persuasión: *ethos, pathos y logos.*

VI

LIDERAZGO: DOMINIO DE LA VISIÓN

Desarrollando las destrezas y habilidades que demanda el logro de la visión

Arnoldo A. Arana A.

Liderazgo es dominio de la visión. El liderazgo demanda establecer y mantener una visión, y luego dominar cada una de las piezas básicas de esa visión, hasta alcanzar la excelencia en el desempeño de cada una de esas piezas. Las piezas que conforman la visión del líder son como las piezas de un rompecabezas que al unirse forman una imagen. Sin la perspectiva – la visión completa y clara - de la imagen del rompecabezas, es sumamente difícil ubicar cada una de las piezas del mismo en el lugar que le corresponde.

> Crecer en liderazgo es crecer en el dominio de la visión, lo cual implica un proceso de desarrollo y aprendizaje continuo de la visión, de modo que cada vez se es más capaz de participar en la conformación de su futuro y del entorno que le rodea.

Si el líder no logra desarrollar dominio de los factores claves de su visión, ésta se queda en puro deseo, simple intención. El liderazgo es, pues, el proceso de lograr maestría en el manejo y la gestión de la visión.

Crecer en liderazgo es crecer en el dominio de la visión, lo cual implica un proceso de desarrollo y aprendizaje continuo de la visión, de modo que cada vez se es más capaz de participar en la conformación de su futuro y del entorno que le rodea. Es expandir la capacidad propia de diseño y construcción de la visión, en la cual se participa primero como arquitectos, pero luego como peritos – constructores, direccionando, alineando e inspirando a la acción a otras personas, lo cual requiere el desarrollo de destrezas y competencias vitales para el sostenimiento y realización de la visión.

Desarrollar liderazgo no sólo se limita a concebir y articular una visión; requiere además desarrollar las habilidades, destrezas, recursos, hábitos y herramientas que

37

posibilitan el llevar ésta a la realidad. Así la visión se convierte tanto en la brújula que orienta el desarrollo del liderazgo y provoca el esfuerzo enfocado, como la fuerza motriz que motiva y provee la energía – pasión - requerida para forjar la disciplina necesaria, a fin de desarrollar las competencias (destrezas y habilidades) que el logro de la visión demanda.

Desarrollar liderazgo incluye, pues, tanto la visualización de la imagen clara de esa visión, como la capacidad para organizar y enfocar un esfuerzo en el área de la visión, y traducir ésta a la realidad.

¿Qué se entiende por dominio? ¿Cuándo logramos desarrollar dominio sobre la visión?

El dominio se refiere a la capacidad de hacer o ejecutar una actividad con efectividad, o al poder que se manifiesta sobre el ámbito de una tarea. El Club de la Efectividad define el dominio como un nivel especial de destreza.[1] Este dominio (o falta del mismo) se evidencia en los resultados concretos que se obtienen del desempeño realizado en una actividad específica. Resultados personales y organizacionales por debajo de las expectativas propias o de los estándares de la competencia, demuestran un bajo dominio de la tarea y, viceversa. En relación con la visión, este dominio se evidencia en la capacidad de hacer realidad la visión.

Dominio de las habilidades básicas que capacitan para el logro de la visión

El dominio de la visión demanda el desarrollo de cinco destrezas claves para la generación, comunicación, sostenibilidad y logro de la visión:

1. Dominio personal (guiarse a sí mismo)
2. Dominio en el uso del tiempo
3. Dominio en la ejecución de la tarea
4. Dominio en la construcción de las relaciones
5. Dominio en la comprensión y manejo del contexto

1. Dominio personal (guiarse a sí mismo)

Para alcanzar la visión, la habilidad más importante que el líder necesita desarrollar es el dominio de sí mismo, la gerencia de sí mismo. El dominio del liderazgo es el dominio de uno mismo: de su emocionalidad, de su carácter; de sus talentos, de sus habilidades, de sus potencialidades. Desarrollo del liderazgo es desarrollo del auto–gobierno, auto–gerencia y auto–aprendizaje. Kouzes y Posner dicen que el dominio del arte del liderazgo es el dominio de uno mismo. El desarrollo del liderazgo es el desarrollo de uno mismo.[2]

El líder primero es líder de su propia vida. Para liderar a otros primero necesita crecer en el liderazgo de sí mismo: liderazgo intrapersonal. Resultaría paradójico un líder pretendiendo liderar a otros, inspirar a otros, guiar las vidas de otras personas, encaminar a sus seguidores hacia una visión organizacional, si el mismo no es dueño de sí mismo, si no es capaz de manejar y dirigir adecuadamente sus emociones, si no está a cargo y se ha hecho responsable de su propia vida, si no tiene su propia definición de visión y proyecto de vida. En tales condiciones, ¿cómo podrá liderar a otros?

El dominio de sí mismo se traduce en congruencia – integridad y competencia, lo cual afecta el tiempo de relaciones que el líder construye y el nivel de confiabilidad - confianza que inspira. Acertadamente expresa Peter Senge:

> "La mayoría de los gerentes son bastante competentes cuando hay que tratar con cosas que se pueden medir y contar: dinero, inventarios, maquinaria de producción, unidades vendidas, y cosas por el estilo. Los activos intangibles de la vida y el trabajo – confianza, relaciones, integridad, y otros – forman parte del liderazgo y tienen muchas mayores probabilidades de hacernos equivocar. Si no aprendemos a manejarnos bien a nosotros mismos, corremos el riesgo de dañar la confianza y las relaciones, y de fallarles a aquellos a quienes pretendemos liderar".[3]

En línea con lo expuesto, lograr dominio de la visión va a requerir del líder desarrollar disciplina para manejar el tiempo, para adquirir conocimientos y desarrollar habilidades y destrezas, lo cual va a demandar del líder realizar cambios y ajustes importantes en la manera como se conduce y en sus hábitos de vida. El esfuerzo requerido para alcanzar la visión demandará del líder el desarrollo de hábitos de efectividad cónsonos con ella, a fin de dominar los básicos de las piezas claves de la visión.

El liderazgo visionario exige la habilidad para cambiar y/o adoptar nuevos hábitos, que permitan dar una respuesta más efectiva a las demandas del entorno. Para alcanzar la visión el líder necesita hacer cambios importantes en sus hábitos, como redistribuir de manera diferente su tiempo y sus prioridades, asociarse con personas diferentes, realizar cambios en la manera que toma decisiones, dedicar tiempo adicional a la capacitación, adquirir el hábito de la lectura o leer literatura diferente a la que acostumbra leer, e inclusive levantarte más temprano, entre otros. Alcanzar la visión va a requerir también en el líder realizar ajustes y cambios en su sistema de prioridades. John Maxwell lo expresa de manera magistral al decir que quien tiene un sueño conoce a lo que tiene que renunciar con el propósito de avanzar.[4]

Realizar la visión exige un esfuerzo deliberado y consistente, que en el largo plazo se traduce en desarrollo y crecimiento personal. El dominio de la visión no llega por generación espontánea, por el contrario, demanda enfoque en la acción, disciplina en el uso del tiempo, perseverancia en el esfuerzo que se realiza, disposición para aprender y poner en práctica lo aprendido, según los requerimientos de la visión. Se necesita además la adquisición y/o desarrollo de conocimientos y destrezas en las áreas relacionadas con la visión. En este sentido Warren Bennis dice que lo que distingue a los líderes de sus seguidores es la capacidad para desarrollar y mejorar sus destrezas.[5] Inclusive va más allá del desarrollo de destrezas y habilidades, conlleva abarcar la vida desde una perspectiva creativa y generativa, en vez de meramente reactiva; lo cual implica expandir la capacidad de aprender, y la consciencia propia. Entonces el líder es capaz de comprometerse al proceso de aprendizaje que implica el desarrollo de la visión. La visión demandará del líder un constante aprendizaje. Si el líder ha logrado dominio personal, éste se expresará en una motivación para aprender continuamente, lo que afectará positivamente su desempeño y su capacidad para crear resultados.

> Realizar la visión exige un esfuerzo deliberado y consistente, que en el largo plazo se traduce en desarrollo y crecimiento personal.

Dominio de la eficacia personal

El dominio de sí mismo también está relacionado con la mejora de la eficacia personal. Liderar con efectividad requiere aprender a ser eficaz. Esto como dice Peter Drucker es una disciplina, y como cualquier disciplina puede aprenderse y debe aprenderse. No existe nada como una personalidad naturalmente eficaz.[6] No se nace eficaz, se aprende a ser eficaz, pero se requiere de disposición y motivación para ser eficaz. La eficacia puede definirse como un arte, y como todo arte, para desarrollarlo, se precisa de tiempo, esfuerzo, disciplina y enfoque.

Para desarrollar eficacia se necesita definir los cambios necesarios en los hábitos, así como en el cronograma de trabajo y en las prioridades, de tal manera que se pueda aprovechar las oportunidades y lograr eficacia personal y organizacional, no solo resultados, sino, fundamentalmente, valor agregado.

Se precisa desarrollar la capacidad de organizarse y trabajar bien, lo cual demanda el desarrollo de cinco hábitos o prácticas, según Peter Drucker[7]:

- Gestionar el tiempo.
- Colaborar con el resto del equipo y realizar aportaciones valiosas.
- Potenciar sus puntos fuertes y hacerlos productivos.
- Concentrar los esfuerzos en aquellas tareas que son más importantes para conseguir buenos resultados.
- Tomar decisiones eficaces.

Sin desarrollo de la consciencia no hay dominio personal

El desarrollo de la conciencia es otro factor clave para lograr dominio personal. Sin autoconsciencia (autoconocimiento) no hay autodominio. Las personas no pueden apropiarse sino de aquello que tiene concienciado. En este sentido se puede afirmar, como lo decía Peter Senge, que la calidad de nuestro liderazgo depende de la calidad de nuestra consciencia.[8] John Whitmore dice a su vez que la efectividad es una disposición interior para hacer las cosas con la consciencia de "quién soy" y de lo que soy capaz de hacer. La conciencia me capacita…la consciencia conduce a la habilidad.[9]

La autoconciencia posibilita:

• Autoposesión: Se apropia de lo que se es consciente, y se vive enajenado de lo que no se es consciente. "Uno hace suya la vida entendiéndola y concienciándola".
• Responsabilidad personal por los resultados, las conductas, los cambios requeridos, los errores o aciertos cometidos.
• Autodominio: Se logra maestría y dominio de aquello de lo que se toma conciencia y se entiende.
• Cambio personal: El cambio solo es posible allí donde hay conciencia. De lo contrario se vive rutinizado, en automático. No se puede cambiar lo que no se conoce, lo que no se tiene concienciado. ¿Cómo cambiar si ni siquiera sé sabe que se necesita cambiar?
• Congruencia: La congruencia es consecuencia de tomar contacto con la realidad interior; y se consciencia la realidad de quién sé es. Sin consciencia propia no hay posibilidad de ser auténtico.
• Aprendizaje: Se aprende lo que se hace consciencia. La conciencia permite una percepción más clara y una mayor comprensión de la información y los hechos relevantes.

2. Dominio en el uso del tiempo

El tiempo es el recurso más escaso y también el más limitante. Es inelástico, de allí la importancia de gestionarlo sabiamente. La adecuada administración del tiempo es un factor de efectividad personal y organizacional, tal como lo expresa Peter Drucker, al decir que sin controlar el tiempo no se puede gestionar nada más.[10]

> La eficacia tiene que ver más con hacer las cosas correctas, que con hacer las cosas correctamente.

Gestionar adecuadamente la visión demanda administrar con eficiencia y eficacia el tiempo. Una sabia administración del tiempo está relacionada con ambas dimensiones: eficiencia y eficacia. En la gestión del tiempo y de los recursos en general se puede ser eficiente y al mismo tiempo no ser eficaz. La eficiencia se refiere a la relación producto (resultado) – insumos; es la cantidad de cosas obtenidas, logradas o producidas con el uso de una determinada cantidad de un recurso. La eficacia relaciona el esfuerzo con el logro de objetivos; se es más eficaz cuando se cumplen más y mejores objetivos.

La eficacia tiene que ver más con si se está haciendo lo que se necesita hacer, que con hacer en forma más rápida o con la menor cantidad de recursos. La eficacia tiene que ver más con hacer las cosas correctas, que con hacer las cosas correctamente. En ocasiones es posible sacrificar eficacia en aras de lograr eficiencia, pero en el largo plazo eso es desastroso. Peter Drucker dice que ningún grado de eficiencia puede compensar la falta de eficacia. Antes de dedicarnos a hacer algo en forma eficiente, tenemos que estar seguros de que hemos encontrado algo acertado para realizar.[11]

Ser eficaz implica saber cómo redimir, asignar o encontrar el tiempo para lidiar con las situaciones o asuntos cruciales en la esfera individual y organizacional. Cuando se logra entonces, orientar y/o dedicar la mayor parte del esfuerzo, energía, atención y tiempo a aquellas "pocas cosas medulares" que determinan la consecución de la visión y de los objetivos y metas personales u organizacionales, sin descuidar los "muchos importantes pero no medulares", se está desarrollando y construyendo eficacia.

Otro aspecto importante en relación con la administración del tiempo del líder y de las organizaciones que se gestiona, es tener clara la distinción existente entre tiempo cronológico y tiempo de oportunidad. El griego clásico conoce una doble terminología para señalar el tiempo. Uno es el tiempo *kronos* o tiempo cronológico y el otro es el tiempo *kairos* o tiempo de oportunidad. *Kronos* indica el fluir del tiempo sobre el hombre, mientras que *kairos* indica una oportunidad o crisis que hay que aprovechar. El tiempo *kronos* es un tiempo lineal, cargado de tareas y gobernado por el reloj. El tiempo *kairos* es un tiempo cargado de significados, que puede ser comparado con la brújula como metáfora en un intento de rescatar el tiempo de su caducidad.

Para el líder no sólo es importante lograr un dominio y eficiencia del tiempo kronos, sino también lograr percibir el tiempo *kairos*, asociado a las oportunidades. El uso sabio del tiempo como *kairos* está relacionado con el tiempo que utilizamos en la consecución de las metas y prioridades personales y organizacionales.

Kronos y *kairos* representan dos perspectivas de la vida, dos enfoques, dos posicionamientos, dos paradigmas, dos estilos de vida, dos formas de gestionarse personalmente y de administrar las organizaciones a las que se lidera. Conviene distinguir entre estos dos paradigmas o enfoques de gestionar el tiempo. Uno representa el paradigma del reloj y el otro el paradigma de la brújula.

Paradigma del reloj: En el mundo occidental se entiende más el tiempo en términos cronológicos – *kronos*, que en términos de significado y oportunidad – *kairos*. Bajo el paradigma occidental se define al tiempo como la medida del devenir de lo existente, como la duración de las cosas. Esta definición del tiempo, lleva a contar y contabilizar las horas, minutos y segundos que se invierten en las actividades. De modo que cuando se habla de administrar bien el tiempo, se habla de usar adecuadamente las horas, minutos y segundos de cada día. Esto implica regularse por las agujas del reloj. Bajo este enfoque administrar el tiempo, es hacer un uso eficiente (menor tiempo) del mismo; es aprender a planificarlo, según la visión, las metas y objetivos trazados. Esto indudablemente repercute positivamente en la eficacia (consecución de visión y objetivos).

Paradigma de la brújula: Obviamente es útil planificar el tiempo, tener agendas bien estructuradas, etcétera. Pero la denominación "Administración del tiempo" puede resultar una definición poco feliz. Al respecto dice Stephen Covey que el desafío no consiste en administrar el tiempo, sino en administrarnos a nosotros.[12] Al fin y al cabo el problema es la falta de dirección, no la falta de tiempo: todos contamos con días de 24 horas, tal como lo refiere Zig Ziglar.[13]

Apegados al paradigma del reloj, las acciones pueden resultar eficientes, pero no necesariamente eficaces. El problema en la eficacia en cuanto al logro de objetivos, y al uso efectivo del tiempo, no está tanto ligado al control del tiempo – paradigma del reloj, como al dominio de uno mismo – paradigma de la brújula. Está asociado a nuestro sentido de dirección y enfoque en lo que se hace.

Ser eficaz requiere hacer un uso adecuado de la brújula: enfoque, sentido de dirección, prioridades claramente establecidas. Sin una brújula es posible malgastar el tiempo, aun administrándolo con eficiencia, pero sin generar verdadero valor agregado. Usar el tiempo con eficacia supone invertirlo en prioridades, no malgastarlo enteramente en atender urgencias. No diluirlo en actividades rutinarias, que no contribuyen a la consecución de metas y sueños. Para tal propósito es conveniente saber hacia dónde se va el tiempo, para lo cual puede resultar más útil una brújula que un reloj. El reloj cuenta el tiempo, pero la brújula provee sentido de dirección. El reloj ayuda a planificar el tiempo, mientras que la brújula ayuda a la auto-administración. Un enfoque, el del reloj, hace énfasis en las cosas y el tiempo; y el otro, el de la brújula, hace énfasis en las expectativas, en los resultados y en la contribución.

Para lograr el dominio de la visión el líder necesita valerse de la brújula con medio para mantenerse enfocado y no perder el rumbo – perderse en tareas y actividades no medulares; y así evitar invertir tiempo en cosas no esenciales a la consecución de la visión. Cuando se tiene la atención puesta en la visión, entonces, el tiempo es un recurso que se planifica cuidadosamente, lo cual se refleja en las agendas y cronogramas de trabajo.

John Maxwell habla de seis tipos de brújulas que deben acompañar al líder en su gestión propia y de las organizaciones, y que orientarán en el proceso de saber hacia dónde encauzar el tiempo:[14]

a) **Brújula moral** (mirar por encima): Mide la integridad. Ayuda a revisar las motivaciones; si se está trabajando por las razones correctas. Esta brújula supone el uso de la conciencia moral.
b) **Brújula intuitiva** (mirar hacia adentro): Tiene que ver con el cultivo de la intuición. Las visiones surgen de las intuiciones, de los anhelos más profundos. Se necesita una brújula intuitiva que guíe en el proceso de mirar hacia dentro, que ayude a concebir sueños y visiones y apasionarse con ellos.
c) **Brújula histórica** (mirar hacia atrás): No se puede avanzar si se desconoce el pasado. Se necesita echar una mirada retrospectiva sobre la propia vida, y darse cuenta de las raíces, que son las que proporcionan identidad. Al mismo tiempo se debe ser capaz de ver los errores, para aprender y ganar experiencia.
d) **Brújula direccional** (mirar hacia adelante): Implica echar una mirada prospectiva, que visualice los sueños y visiones y conlleve al establecimiento de metas. Esta brújula ayuda además a enfocarse en lo que es realmente importante en la vida personal y en las organizaciones que se lidera.
e)**Brújula estratégica** (mirar alrededor): Ayuda a desarrollar una mentalidad de estratega, que sea capaz de trazar una ruta que tenga como fin del camino la visión esta-

blecida, y al mismo tiempo provea instrucción acerca de lo que se necesita hacer para alcanzar las metas. La estrategia hace converger todas las fuerzas y recursos en un solo polo de atracción. Las visiones deben cristalizar en planes de trabajo y estructuras, que permitan alcanzar los objetivos. Un soñador sin estructuras, es un quijote ambulante que pelea contra molinos de viento y al que sólo le sigue un ignorante barrigón.

f) Brújula visionaria (mirar más allá): Esta brújula hace mirar más allá de las circunstancias presentes y visualizar la magnitud de la visión que se puede alcanzar con el propio potencial.

3. Dominio en la ejecución de la tarea

El líder necesita definir la forma en que logrará convertir en realidad la visión. La visión tiene que traducirse en objetivos y metas, y éstos en planes de acción. Los planes de acción incluyen tareas y actividades.

Alcanzar la visión demanda desarrollar las competencias requeridas para realizar las tareas. La visión tiene muchas dimensiones de desempeño en las que el líder necesita desarrollar y/o adquirir las habilidades y las destrezas que le permitan lograr dominio sobre las diferentes tareas y actividades inherentes al desarrollo e implementación de la visión. A continuación se revisan algunos ejemplos que ayudan a entender este punto.

- El dominio de la visión comprendido a través del dominio desarrollado por los artistas del Renacimiento.

Alan C. Walter ilustra vívidamente este proceso de dominio de la visión, a través del desarrollo de las habilidades y destrezas que facilitan un desempeño integral efectivo, al describir el liderazgo de los grandes maestros del Renacimiento:

> *"Consideremos los grandes maestros del Renacimiento: Rafael, da Vinci y Miguel Ángel. Estos artistas tuvieron grandes visiones de lo que querían alcanzar. Comenzaron con largos periodos como aprendices, aprendiendo a hacer sus propias pinturas, pinceles y telas, además de todas las destrezas de su arte. Hicieron por igual tareas agobiantes y domésticas, aun barrer los estudios. Luego aprendieron a vender sus cuadros y a conseguir patrocinadores. Tan hábiles fueron en dominar todas las piezas de sus visiones, que sus obras maestras han perdurado por siglos".*[15]

- El dominio de la visión comprendido a través del dominio desarrollado por un excepcional basquetbolista.

La vida y el ejemplo de uno de los más extraordinarios atletas y jugador de básquetbol de todos los tiempos, con un efectivo liderazgo en la cancha de juego, como Michael Jordan, también ilustra la conclusión antes indicada. Michael Jordan es uno de los jugadores de básquetbol más efectivos que ha habido en la historia de ese deporte.

¿Qué convirtió a Michael Jordan en uno de los jugadores más completos y exitosos en el básquetbol? Michael dominaba todas las piezas de su visión: insuperable encestador, extraordinario defensa, hábil driblador, competente para asistir a otros jugadores, visión de helicóptero en la cancha, capacidad para el juego en equipo, líder inspirador fuera y dentro de la cancha, etc.

El propio Jordan resume el dominio de la visión como "dominio de lo básico"; esa era su filosofía del triunfo. En palabras de Michael Jordan:

"Todo lo que hice, todo lo logrado, depende de mi manera de asimilar lo básico para aplicarlo a mis habilidades. En realidad, los cimientos, las piedras o principios básicos, permiten que todo funcione. No importa cuáles sean sus actividades o metas, jamás podrá prescindir de lo básico si se quiere ser el mejor".[16]

Lo contrario, la impericia, la falta de conocimiento en el manejo de lo básico: las piezas claves de la visión, conducen a la inefectividad. Jordan lo expresa así:

"A muchas personas no les interesa este tema. Buscan resultados gratificantes, instantáneos, y deciden saltarse unos cuantos escalones. Tal vez no practiquen la conducción del balón porque no suelen conducirlo mucho en los juegos. Quizás no desarrollen técnicas de tiro apropiadas porque no dependen de su capacidad anotadora. Al principio pueden salirse con la suya, pero llegará un momento en que todo quedará al descubierto".[17]

Fue el dominio de todas las piezas del rompecabezas que significaba la visión de Michael Jordan en un momento determinado, por ejemplo, obtener un campeonato de la NBA, lo que convirtió a éste extraordinario jugador en un líder para su equipo. No fue sólo su habilidad excepcional para el basquetbol, lo que lo hizo un líder a Jordan, sino el dominio completo de su visión. Para ganar un campeonato Jordan necesitó, además de un dominio de todas las fases del juego, de una destreza comunicacional para transferir su visión al resto del conjunto, de una habilidad para promover el trabajo en equipo, de una capacidad para motivar e inspirar a sus compañeros a la victoria, de una actitud de combatividad y coraje capaz de sobreponerse a situaciones adversas en el juego, de un dominio propio para no ceder a la presión del juego, etc.

El dominio de las destrezas y habilidades requeridas para cumplir con las diversas tareas y actividades asociadas a la visión, requiere desarrollar la capacidad para ser efectivo en la ejecución.

4. Dominio en la construcción de las relaciones

Si el líder quiere alcanzar la visión necesita hacerse competente en el manejo de las relaciones interpersonales. El logro de la visión requiere del concurso, el compromiso y el esfuerzo de todo un equipo de trabajo, y aun de personas externas a la organización.

El líder precisa desarrollar la capacidad de influencia como vía para propiciar la alineación, entre sus colaboradores y aliados. Esa capacidad de influencia demanda del líder el desarrollo de competencias en el área comunicacional. El desarrollo de la comunicación efectiva como competencia central, contribuye con el líder en:

• Facilitar la adquisición y/o desarrollo de otras competencias clave en el ejercicio del liderazgo y en el logro de la visión, como son: la capacidad para negociar, la capacidad para motivar a otros, etc., para lo cual el líder requiere ganar experiencia como comunicador y desarrollar disciplina para mejorar sus competencias comunicacionales, vale decir, desarrollar destrezas y habilidades para la comunicación interpersonal y organizacional. Para ello el líder necesita comprender bien sus habilidades de comunicación y entender los retos que ésta implica. ¿Cuáles son sus áreas de fortaleza y de debilidad en la comunicación (escuchar empáticamente, retroalimentar, expresar claramente sus ideas y opiniones, ser asertivo, etc.)? Así mismo necesita conocer cuáles son los retos que experimenta en la comunicación, en el contexto donde se desenvuelve, como por ejemplo: manejo de información, selección apropiada de canales de comunicación, desarrollo de un sistema de retroalimentación eficiente, comunicación sobre los cambios organizacionales, etc.

• Lograr un impacto estratégico con lo que expresa, al darle un carácter estratégico a sus acciones comunicacionales, lo cual implica ser intencional en lo que desea comunicar y en los resultados que espera lograr mediante el uso de la comunicación y los canales que elige. El líder debería preguntarse, por ejemplo: ¿Qué resultados espera lograr con lo que intenta comunicar?: Motivar, informar, controlar. ¿Cuál es el canal más apropiado para comunicar el contenido que desea comunicar: Oral (discurso, cara a cara, etc.) o escrito (boletines, correo electrónico, etc.)?

• Maximizar su potencial expresivo, explotando al máximo sus características de personalidad, talentos y habilidades, según su estilo propio como comunicador.

5. Dominio en la comprensión y manejo del contexto

El ejercicio del liderazgo es contextual. Siempre. Los líderes eficaces saben que no existe ninguna manera universal ni garantizada que asegure el efecto del liderazgo. Por el contrario, practican y pulen su destreza para leer el contexto, y evalúan de modo realista su capacidad para reescribir ese contexto.[18]

Rob Goffee y Gareth Jones

El dominio del contexto es fundamental para el avance en el logro de la visión. Avanzar en pos de la visión implica estar informado de la realidad y aprender a descifrarla. Implica entender cómo funciona el mercado, la competencia, el contexto económico, político y social que le rodea.

El líder aprende a leer en los acontecimientos y circunstancias del entorno, los procesos que pueden afectar a la organización o representan una oportunidad.

Un líder efectivo se ubica en sus contextos. Está definido y ubicado. Un líder no puede tomar decisiones acertadas si no tiene un sentido de realismo, que viene de tener claridad y una adecuada comprensión de la realidad que le rodea. La pérdida de ese sentido real, de la circunstancialidad hace que muchos líderes se conviertan en personas inefectivas y poco relevantes a las organizaciones que lideran.

Los líderes necesitan contextualizarse, vale decir, entender cómo funciona el entorno que le rodea, así como el ambiente interno de la organización: procesos, sistema de relaciones, etc. Alineado con esta línea de pensamiento Carter Scott comenta que los líderes conquistan el contexto – el ambiente volátil, turbulento, ambiguo que a veces parece conspirar en su contra y que sin duda terminará arrinconándolos si no hacen algo para impedírselo.[19]

El líder aprende a leer en los acontecimientos y circunstancias del entorno, los procesos que pueden afectar a la organización o representan una oportunidad. Los líderes necesitan desarrollar un olfato para percibir la situación– hacia donde sopla el viento - en relación con la organización. En este sentido, los líderes buscan estar informados y conectados con la acción – con la que está ocurriendo adentro de la organización y afuera de ella - sensibles al contexto en permanente cambio.

A continuación se presentan algunas habilidades del líder para dominar el contexto:[20]

a. Habilidades de observación y cognitivas

Los líderes ven y perciben lo que está pasando en su organización y luego utilizan sus habilidades cognitivas para interpretar esas observaciones, y entender el contexto donde lideran.

b. Habilidades conductuales adaptativas

Después de observar y comprender la situación, los líderes eficaces ajustan su comportamiento; se adaptan según las exigencias del entorno, sin perder su identidad.

c. Los líderes se valen de su propio comportamiento para cambiar la situación

Los líderes no son receptores pasivos del contexto. Por el contrario, trabajan con sus seguidores para construir socialmente una realidad alternativa. Una de la características de los líderes es su actitud proactiva – no reactiva – para descifrar, comprender y resolver la realidad a favor de la organización. Los líderes no solo reaccionan ante las situaciones, sino que tienen la capacidad de transformarlas.

El líder aprende a leer en los acontecimientos y circunstancias del entorno, los procesos que están en ciernes.

Avanzar hacia el logro de la visión requiere generar dominio de las áreas vitales de la visión, así como forjar las destrezas y habilidades que permitan desarrollar y sostener la visión. Estas destrezas están referidas a cinco áreas fundamentales que incluyen la capacidad para guiarse y gerenciarse – self management, lo cual incluye el desarrollo de los talentos naturales, la confianza en las habilidades propias y la madurez de carácter. Requiere además una sabia administración del tiempo, así como el desarrollo de maestría en las tareas y roles de desempeño, además de lograr dominio del factor relaciones y una amplia comprensión del entorno.

Desarrollando un Liderazgo Visionario

Para reflexionar:

1. ¿Tiene identificado las piezas clave de su visión?

2. ¿Qué habilidad(es) básica(s) referida(s) al dominio de la visión (persona, tiempo, tareas, relaciones y contexto) cree que necesita desarrollar para avanzar en el logro de su visión?

3. ¿A medida que avanza en la consecución de la visión, tiene conciencia de los cambios (hábitos, conocimientos, destrezas, etc.) que requiere hacer para habilitarse y así alcanzar la visión?

Pasos a seguir:

1. Desarrolle maestría personal en las piezas clave de su visión. Esa es la garantía del éxito.

2. Ajuste su desempeño a los requerimientos de la visión. La maestría en la ejecución de las tareas y actividades relacionadas con el ámbito de la visión: desempeño de excelencia, es clave para el logro de la visión.

3. Haga una evaluación y clarificación de lo que le hace falta para avanzar en la dirección adecuada de la visión.

VII

INGENIO ESTRATÉGICO

Resiliencia e impulso creativo en tiempos de crisis

Jesus A. Sampedro H.

Cuando la empresa *Siemens AG* colocó en su celebración aniversario un anuncio que decía "150 años de crecimiento a través de la innovación", probablemente despertó la envidia de muchas otras organizaciones. *Siemens AG* se ha mantenido en un sitial de liderazgo en su industria por más de un siglo y medio, y su eslogan aniversario demuestra no solo su capacidad para perdurar en el tiempo, sino también la intencionalidad con la que manejan su estrategia y sentido de misión asociado esencialmente con la práctica de la innovación. Según esa declaración, las diversas crisis de mercado a lo largo de la historia, dentro de las cuales se han tenido que mover, han sido tratadas internamente por ellos con actitud e intención de innovar, esa ha sido su receta de sostenibilidad.

En tiempos de crisis, retos o cambios, es cuando los líderes necesitan sacar a relucir su componente emocional, su capacidad creativa y de direccionamiento estratégico. La relevancia de comprender el contexto organizacional en ambientes cambiantes es tan importante como comprenderse a sí mismo y comprender a la gente involucrada. Los autores Nadler y Tushman comentan que ante cualquier situación de cambio organizacional surgen básicamente tres problemas con los que el líder debe lidiar. Estos problemas están asociados al poder, la ansiedad y el control de la organización. Especialmente llama la atención la "ansiedad", ya que implica que el líder necesita actuar para disminuir esos niveles de ansiedad y para motivar un comportamiento constructivo que evite la erosión emocional y aproveche el momento para forjar un ambiente de confianza y aprendizaje.[1]

El efecto, impacto o resonancia interna organizacional causada por algún hecho, circunstancia o fenómeno cambiante, cobra especial relevancia al considerarse en relación con la resiliencia organizacional; y el ingenio estratégico. En este sentido, el postulado esencial radica en innovar como la alternativa a los retos y oportunidades emergentes en tiempos de cambio significativo. El presente escrito procura nutrir la capacidad del líder para gestionar adecuadamente las emociones, las capacidades y las actitudes de su gente; e igualmente, para direccionar en tiempos de crisis a la organización hacia el futuro deseado desde de la innovación.

Ingenio Estratégico. *Competencia que permite generar impulsos creativos-productivos para la sostenibilidad organizacional durante periodos de crisis.*

Ante los retos presentes y al considerar cuan preparada está una organización para resistir y mantenerse en curso, es importante evaluar lo que la gente en la organización siente y piensa. Esa consideración permite al líder apreciar y actuar adecuadamente para aprovechar las oportunidades y poder nutrir esos procesos de tal manera que provean nuevas formulas, esquemas creativos de respuesta o soluciones ingeniosas.

La capacidad de navegar cualquier turbulencia a favor de la organización facilita que los protagonistas, líderes y gente en las organizaciones, logren capitalizar en el conocimiento tácito, la colaboración y el sentido progresista y de orden mental superior que genera sabiduría en crisis, innovación en escasez, redireccionamiento en letargo y claridad en confusión. La idea esencial en esto gravita alrededor de que el líder no se paralice ante una crisis, sino que más bien tomando conciencia de sus emociones y de las emociones colectivas reinantes, logre canalizarlas en pro de dar respuestas innovadoras y congruentes con el futuro deseado de la organización. De esto se trata precisamente el ingenio estratégico, de la capacidad que le permite a una organización formular intencionalmente medios para canalizar los conocimientos, experiencias y emociones emergentes para abordar momentos de crisis y producir respuestas creativas, congruentes con los valores y la visión, que agreguen valor y que garanticen la sostenibilidad.

Más allá de la resiliencia

Según Helena Combariza, el término resiliencia se refiere originalmente en ingeniería a la capacidad de un material para adquirir su forma inicial después de someterse a una presión que lo deforme.[2] Al hablar de resiliencia humana se afirma que es la capacidad de un individuo o de un sistema social de vivir bien y desarrollarse positivamente, a pesar de las difíciles condiciones de vida y, más aún, de salir fortalecidos y ser transformados por ellas. Sin embargo, últimamente ha emergido este término en el contexto organizacional. En este sentido, varias definiciones han surgido definiendo a la resiliencia como la capacidad organizacional para anticipar los eventos clave relacionados con tendencias emergentes, adaptarse constantemente al cambio y recuperarse de manera rápida después de desastres y crisis. Otra definición es la capacidad de una organización de absorber choques e impactos profundos sin perder la capacidad de cumplir su misión. Sin embargo, el asunto puede ser visto en una perspectiva extendida, que va más allá del sólo hecho de resistir y mantenerse, sino también hacia producir respuestas creativas que fortalezcan y sostengan a la organización en esta era de la innovación. Cuando la resiliencia se hace evidente, generalmente exige impulsos creativos.

Cuando la resiliencia se hace evidente, generalmente exige impulsos creativos.

El siguiente episodio demuestra interesantemente la resiliencia organizacional en práctica, y evidencia que la respuesta creativa está prácticamente implícita en ella. La empresa de servicios de envíos y paquetería UPS es un ejemplo de lo dicho. En 1986, una fuerte tormenta de hielo cerró el principal centro de distribución aéreo de la empresa UPS en Louisville, Kentucky. El gigante de la paquetería urgentemente logró mantener sus operaciones, haciendo viajar a Louisville a trabajadores de otras partes de su red para mantener el nivel de servicio habitual. UPS reconoce que las interrupciones en las comunicaciones son algo normal, ya que la operación de la compañía se encuentra sujeta a las condiciones adversas del clima. Los procesos de recuperación de la empresa son puestos a prueba todos los días, y las personas son entrenadas para afrontar condiciones extremas e inesperadas. UPS, al igual que cualquier organización con resiliencia puede hacerlo, fue capaz de responder eficiente y creativamente ante un reto y mantenerse en operaciones.

Impulsos creativos: preparación, perspectiva y colaboración creativa.

El ingenio estratégico no es un fenómeno organizacional fortuito, más bien es una competencia que requiere intencionalidad y esfuerzos sostenidos previos para conformarse. Encontrar que una organización genere en el momento clave un impulso creativo, es decir, que reaccione con capacidad creativa y de implementación ante cualquier cambio; requiere que ciertos elementos hayan sido previamente concebidos y sean ya parte de las competencias distintivas de la cultura organizacional. Aunque muchos éxitos organizacionales parezcan oportunidades del destino presentadas a unos pocos durante una crisis, la evidencia demuestra que fue más bien una cuestión de preparación, perspectiva y colaboración para la creatividad sostenida.

Preparación

Generar impulsos creativos dentro de una organización para enfrentar un momento de mercado difícil requiere usualmente el haberse preparado con anterioridad. Abraham Lincoln en una ocasión dijo: *"Yo me prepararé, y algún día llegará mi oportunidad."* Su enfoque connota la responsabilidad de adecuar proactiva e intencionalmente aptitudes e integrar capacidades presentes con los retos y oportunidades futuras. Si bien la preparación es de suma importancia, todo su potencial puede ser desaprovechado si no es acompañado de una actitud de alerta expectante que anticipe y reciba con cordialidad y aplomo a los retos cuando lleguen. Tanto a nivel personal como organizacional, estar preparados y estar listos son dos cosas diferentes, aunque complementarias. Cuando una persona u organización esta "lista" para afrontar las vicisitudes de la vida, significa que su actitud, proactividad, disposición y sentido de alerta están permanentemente encendidos y conectados con el momento. Cuando una organización esta "lista", significa que acepta y espera el cambio, aprovecha toda turbulencia para generar respuestas acorde con las exigencias, y tiene confianza en su capacidad de respuesta. Esa capacidad de "alistarse" implica en un sentido, retos al alinear estrategia, estructura, gente y procesos; y en otro sentido, una oportunidad estratégica de llegar a convertirse en un factor diferenciador que abone el influjo competitivo y la supervivencia organizacional.

> Si un líder u organización está preparada, pero no esta lista, entonces no será capaz de reaccionar "a tiempo" y por consiguiente devendrá de algún modo en letargo organizacional.

Si un líder u organización está preparada, pero no esta lista, entonces no será capaz de reaccionar "a tiempo" y por consiguiente devendrá de algún modo en letargo organizacional. Si por el contrario, un líder u organización esta lista, pero no preparada, entonces no será capaz de responder adecuadamente en términos de eficiencia y eficacia, y por consiguiente generara confusión, erosión de la confianza y frustración interna, al mismo tiempo que generará descrédito y desconfianza para con los aliados externos de la organización. Lo idóneo entonces, para evitar esquemas de desaprovechamiento ante momentos de crisis, es mantener a los líderes y a las organizaciones preparadas y listas.

Perspectiva

Para generar impulsos creativos y favorecer el ingenio estratégico, los líderes no pueden ver las cosas iguales, en sus ciclos vitales regulares, según lo que "ha sido". Para innovar, los líderes precisan valerse de esquemas superiores de pensamiento al repensar su concepción de la realidad, formularse y formular a otros preguntas profundas, retar enfoques cotidianos, y engendrar cuadros divergentes en su concepción del tiempo. Es necesario que el líder disponga su cosmovisión para concebir el tiempo y el futuro dentro de un esquema abierto, con un abanico de nuevas posibilidades (no todas caóticas) y como un sistema reconfigurable (no necesariamente repetitivo). El cambio puede conllevar el riesgo de mantenerse centrado en asuntos de inmediata urgencia y descuidar lo estratégico; sin embargo, es imprescindible que el líder no permita el aprisionamiento de sus esquemas mentales y logre ser ambidiestro, es decir, siga envisionando futuros deseables y garantice una eficiente gestión táctica.

Igualmente, la perspectiva estratégica organizacional obliga a no dejar a un lado el sentido y el compromiso de ser interprete-proveedor de asuntos relevantes para los clientes o consumidores, a pesar de su afectación directa por el momento de crisis y por la feroz acechanza de miles de ofertantes. José Tinto, Doctor en Marketing por la Universidad Complutense de Madrid, en su conferencia denominada La creatividad, ventaja competitiva en el Marketing, se refirió a los retos de la diferenciación de productos en esta era, considerando al respecto que *"las ideas originales y novedosas podrían ser la única forma de suscitar el interés de un consumidor saturado por la comunicación y agotado ante lo que algunos autores han llamado la banalización de la oferta".*[3] Igualmente Tinto, evoca al Marketing Lateral, basado en la creatividad y en su principal ventaja que es la creación de nuevos mercados como el proceso de generación de nuevas categorías de productos y servicios que "rompan los moldes" tradicionales.

La disposición y capacidad para pensar diferente, ser ambidiestro y mantenerse alerta a las genuinas necesidades de los clientes son, en resumen, ingredientes clave para desarrollar criterios estratégicos que favorecen el ingenio.

Colaboración

La importancia de la preparación y la perspectiva adquirida se verá cercenada si carece de conciencia colectiva de colaboración para el aprendizaje, la innovación y la renovación organizacional. Los autores Von Krogh, Ichijo, y Nonaka comentan en su libro Enabling Knowledge Creation, sobre la importancia de "dar soporte a la creación de conocimiento".4 Ellos refieren al concepto de "Habilitación de Conocimiento" como la batería de actividades organizacionales que afectan positivamente la creación de conocimiento. Esta habilitación involucra el facilitar relaciones y conversaciones, así también como el intercambio del conocimiento dentro y fuera de la organización, con el fin de habilitar un ambiente creativo y de respuesta a los retos del entorno. Ya sea a través de grupos formales o informales, facilidades en espacios laborales, incentivos diversos o cualquier otra modalidad, el fomento del intercambio de conocimiento es esencial para el ingenio estratégico. En este sentido, es posible considerar entonces que si una organización no tiene articulada su red de intercambio y su músculo de difusión comunicacional, probablemente se verá con dificultades para responder rápida, creativa y adecuadamente cuando sea sorprendida por alguna crisis.

Para facilitar estos ambientes conversacionales es importante que durante el vuelo organizacional se puedan abrir las ventanas de la organización para dejar entrar prudentemente algo de turbulencias y así probar los aires del entorno con miras a producir respuestas creativas. En su libro "Turbulencia Positiva", el autor Gryskiewicz comenta sobre la importancia de sacar provecho de las turbulencias externas al reconocerlas y permitirles entrar en porciones racionales a los pasillos y oficinas organizacionales, para que contribuyan internamente a generar espacios de soluciones.[5] Gryskiewicz comenta que *"Desafortunadamente cuando las organizaciones eliminan las fuentes de variaciones, al mismo tiempo están eliminando la fuente de la innovación".*[6] Ante la noción aparentemente contraria a la intuición de concebir a la turbulencia como una fuerza positiva, el autor sugiere que ella ofrece un proceso que ayuda a convertir el cambio en una fuerza positiva que, si es bien manejada, puede llevar a la innovación y a la constante renovación organizacional. Inclusive sugiere que ayuda a traer estabilidad interna, ya que compensa la percepción interna con la realidad externa, previniendo así que sufra de sorpresas repentinas o por descontextualización.

Bravo y Piñango refieren diversos casos de organizaciones que se atreven a desafinar, a pensar diferente y a gestar "prácticas organizacionales peculiares, y hasta curiosas". Un interesante caso que refleja creatividad colaborativa es SofOS, una organización que gestó una toma de decisión participativa y salió airosa de la misma. Según Bravo y Piñango, *"durante la crisis económica generada por el paro del año 2002, ante el dilema de cerrar o disminuir el personal, la empresa SofOS, dedicada a las tecnologías de la información, optó por analizar el problema con sus empleados e idearon un esquema de reducción del pago de salarios que permitió que todos mantuvieran sus empleos. Así los trabajadores y sus familias conservaron su estabilidad y la empresa preservó el conocimiento de personal especializado, a la vez que ganó el compromiso de sus empleados".*[7] SofOS de esta manera respondió colaborativa y favorablemente ante un momento de retos.

Una opción esperanzadora

Diversas historias de éxitos organizacionales han dado una sensación irónica de que mientras muchos pierden, otros se aprovechan y crecen en tiempos de crisis. La puede ser vista como una oportunidad si se aprovecha a través del ingenio estratégico. A pesar de la importancia de que las organizaciones puedan aguantar impactos significativos sin perder el rumbo (Resiliencia), el ingenio también deriva en el especial compromiso hacia lo creativo de las respuestas, el enfoque comprometido con las creencias esenciales (valores) de la organización, la sensatez de implementar objetivamente solo aquello que agregue valor y que tenga como objetivo la sostenibilidad.

A pesar de que los líderes son los principales promotores del desarrollo del ingenio organizacional y quienes procuran oportunidades buscando maneras innovadoras para cambiar, crecer y mejorar; sin embargo, el ingenio de una organización reposa en su gente, que colabora mutuamente, a quienes siempre se les ocurre algo, quienes han aprendido a resolver y que generan un ambiente de esperanza. Afirmando de esta forma la concepción y validez de apostar al ingenio como respuesta de supervivencia estratégica para las organizaciones en momentos de crisis. Alcanzar cualquier visión requiere de mucho ingenio estratégico a lo largo del proceso de consecución de ella, pues la realidad pondrá a prueba la capacidad de preparación anticipada, la colaboración creativa y la resiliencia tanto del líder como de la organización.

Desarrollando un Liderazgo Visionario

Para reflexionar:

1. ¿Cómo reaccionan usted y su organización ante hechos, circunstancias o fenómenos inesperados que les lanza la realidad?

2. ¿Cuán preparado está usted y su organización de tal manera que los embates de la realidad no le desvíen de cumplir su misión?

3. Para enfrentar los retos que surgen al ir en pos de procesos visionarios se requiere: preparación, perspectiva y colaboración para la creatividad sostenida. ¿Cuál de estos 3 elementos precisa usted mejorar en su gestión organizacional?

Pasos a seguir:

1. Los líderes crean las condiciones organizacionales de resiliencia, es decir, vivir bien y desarrollarse positivamente, a pesar de las difíciles condiciones de vida y más aún, de salir fortalecidos y ser transformados por ellas.

2. Converse con su equipo de como la innovación y el ingenio estratégico forman parte de la ecuación para enfrentar cualquier futuro visionario.

3. Prepárese no solo para aguantar impactos significativos sin perder el rumbo (Resiliencia), sino que también genere el compromiso hacia lo creativo de las respuestas.

Referencias Bibliográficas

Introducción

1. Daniel A. Wren, The evolution of management thought (New York: John Wiley & Sons, Inc., 1994).
2. Lynne Joy McParland y otros autores, Liderazgo para el siglo XXI (McGraw – Hill, Colombia, 1997).
3. George Barna, El poder de una visión (Ventura Regal Books, 1992).

Sección 1: Articulando la Visión

Capítulo I: Explorando la mente del estratega: Desarrollando el sentido estratégico para alcanzar la visión.

1. La Biblia – Evangelio según San Lucas (Versión Reina Valera, 1960).
2. La Biblia – Proverbios (Versión Reina Valera, 1960).
3. Kenichi Ohmae, La mente del estratega (McGraw – Hill, México, 1988).
4. Manuel Barroso, Meditaciones Gerenciales (Venezuela: Editorial Galac, 2005).
5. Kenichi Ohmae, La mente del estratega.
6. Kenichi Ohmae, La mente del estratega.
7. Peter Drucker, Los desafíos de la gerencia para el siglo XXI (Grupo Editorial Norma, 1999).
8. Peter Drucker, Los desafíos de la gerencia para el siglo XXI.

Capitulo II: ¿Cómo articula el líder la visión?: Concibiendo la visión de un futuro prometedor.

1. Warren Bennis y Burt Nanus, Líderes (Colombia: Grupo Editorial Norma, 1991).
2. Bennis y Nanus, Líderes.
3. Manuel Barroso, Meditaciones Gerenciales (Venezuela: Editorial Galac, 2005).
4. Stephen Covey, El 8vo. Hábito (Editorial Paidos Empresa, 2005).
5. Robert E Quinn, Sabiduría para el cambio (Printice – Hall Hispanoamericana, México, 1997).
6. Bennis y Nanus, Líderes.
7. Barroso, Meditaciones Gerenciales.

8. Wolfgang Gil, "El sueño transformador". Debates IESA. Volumen XIII. Número 3. (2008):12.
9. Gil, "El sueño transformador"
10. Covey, El 8vo. Hábito
11. Robert E Quinn, Sabiduría para el cambio (México: Prentice–Hall Hispanoamericana, 1997).
12. Quinn, Sabiduría para el cambio.
13. Gil, "El sueño transformador"
14. Gil, "El sueño transformador"

Capítulo III: La visión: Fuente de poder del líder. Desarrollando el poder para alcanzar la visión.

1. H.B. Karp, Guía para el Líder del Cambio (Chile: Editorial Cuatro Vientos, 2006).
2. Karp, Guía para el Líder del Cambio.
3. Warren Bennis, Cómo llegar a ser líder (Colombia: Grupo Editorial Norma, 1991).
4. Manuel Barroso, Meditaciones Gerenciales (Venezuela: Editorial Galac, 2005).
5. Warren Bennis, Cómo llegar a ser líder (Colombia: Grupo Editorial Norma, 1991).
6. Dean Spitzar, De líder a líder (Granica, 2009).
7. La Biblia – Proverbios, Versión Reina Valera (1960).
8. Joseph Quigley, Liderazgo en Acción (Serie McGraw–Hill, 1996).

Sección 2: Comunicando la Visión

Capítulo IV: La visión: Un futuro deseado y compartido. Comunicando con efectividad la visión.

1. Warren Bennis and Burt Nanus, Leaders: Strategies for taking Charge. (New York, NY: Harper & Row Publishers, Inc., 1985)
2. T. I. Sanders, Strategic Thinking and the New Science: Planning in the midst of chaos, complexity, and change. (New York: The Free Press, 1998)
3. Ibid.
4. Bennis and Nanus, Leaders: Strategies for taking Charge.
5. Interview on Communicating the Vision (2005) D. Traut.
6. Vertigo Politico, "10 Frases Inspiradoras de Nelson Mandela", Febrero 2014. http://www.vertigopolitico.com/articulo/26128/10-frases-inspiradoras-de-Nelson-Mandela (Accesado en Febrero 27, 2014).

7. Bennis and Nanus, Leaders: Strategies for taking Charge.

8. Interview on Communicating the Vision (2005) A. Jarrin

Capítulo V: Inspiración y Persuasión: Elementos clave para una visión compartida.

1. Fernández Gayol, Teoría Literaria. (La Habana: Cultural, 1957)

2. D. Blagg and S. Young, "What Makes a Good Leader?", Harvard Business School Bulletin (2001). http://hbsworkingknowledge.hbs. edu/item.jhtml?id=2141&t=moral_leadership&noseek=one(2001). (Accessed on February 02, 2005)

3. D. Blagg and S. Young, "What Makes a Good Leader?"

4. D. Blagg and S. Young, "What Makes a Good Leader?"

5. John Maxwell, Las 21 leyes irrefutables del liderazgo (Grupo Nelson, 2011)

6. Howard Hendricks, Enseñando para cambiar vidas. (Miami, FL: FLET Logol, 1997)

Sección 3: Logrando la Visión

Capítulo VI: Liderazgo: Dominio de la visión. Desarrollando las destrezas y habilidades que demanda el logro de la visión.

1. El Club de la Efectividad, "Notas sobre poder", http://www.efectividad.net/ (accesado Noviembre, 2009).

2. Kouzes y Posner, De líder a líder (Granica, 2009).

3. Peter Senge, De líder a líder (Granica, 2009).

4. John Maxwell, Sé todo lo que puedas ser (Colombia: Peniel, 2001).

5. Warren Bennis, Cómo llegar a ser líder (Colombia: Grupo Editorial Norma, 1991).

6. Peter Drucker, El ejecutivo eficaz en acción (Barcelona: Alienta Editorial, 2007).

7. Peter Drucker, El ejecutivo eficaz en acción.

8. Peter Senge, La quinta disciplina en la práctica (1995).

9. John Whitmore, Coaching (Buenos Aires, Ar: Ediciones Paidos Ibérica, S.A., 2002).

10. Peter Drucker, El ejecutivo eficaz en acción (Barcelona: Alienta Editorial, 2007).

11. Peter Drucker, El ejecutivo eficaz en acción.

12. S. Covey, El 8vo. Hábito (Editorial Paidos Empresa, 2005).

13. Zig Ziglar, Algo por qué sonreir (Grupo Nelson, 1998).

14. John Maxwell, Las 21 leyes irrefutables del liderazgo (Grupo Nelson, 2011).
15. Lynne Joy McParland y otros autores, Liderazgo para el siglo XXI (Colombia: McGraw – Hill, 1997).
16. Jordan Michael, Mi Filosofía del Triunfo (1994).
17. Jordan Michael, Mi Filosofía del Triunfo.
18. Rob Goffee y Gareth Jones, De líder a líder (Granica, 2009).
19. Carter Scott, Diferencias entre gerencia y liderazgo (1994).
20. Goffee y Jones, De líder a líder.

Capítulo VII: Ingenio Estratégico: Resiliencia e impulso creativo en tiempos de crisis.

1. D. Nadler and M. Tushman, Competing by Design: The Power of organizational Architecture. (New York: Oxford University Press, 1997)
2. J. Marcos y S. Macaulay, "¿Que es la resiliencia organizacional?" CNN Expansión. Noviembre 26, 2008. http://www.cnnexpansion.com/manufactura/especiales/bfque-es-la-resilienciaorganizacional (Tomado de Internet el 30/01/09)
3. C. Mora, M.V. Baptista y F. León, "Congreso de Marketing - Creatividad e Innovación". Revista Visión Gerencial - Año 007 - Nº 2. Julio - Diciembre 2008. Pg: 427-433. (Mérida: Universidad de Los Andes, 2008)
4. Goerg Von Krogh, Kazuo Ichijo, and Ikujiro Nonaka, Enabling knowledge creation: How to unlock the mystery of tacit knowledge and release the power of innovation. (Oxford: Oxford Press, 2000).
5. S. Gryskiewicz, Positive turbulence: Developing climate for creativity, innovation, and renewal. (San Francisco: Jossey Bass, 1999).
6. S. Gryskiewicz, Positive turbulence: Developing climate for creativity, innovation, and renewal.
7. Olga Bravo y Ramon Piñango, "Organizaciones que se atreven a desafinar". Debates IESA. Volumen XIII. Numero 4. (2008): 88.

Acerca de los Autores

Dr. Arnoldo A. Arana A.
@arnoldoarana
www.lideresefectivos.blogspot.com

Doctorado en Consejería de Rhema University. Maestría en Gerencia de Empresa y Licenciatura en Contaduría Pública de la Universidad del Zulia. Es certificado como facilitador en Procesos Personales – Psicoterapeuta y Dinámicas de Grupo por el Centro de Aprendizaje e Investigación en Facilitación Gestaltica (CENAIF). Tiene un diplomado en facilitación en Terapia Psicocorporal de la Universidad Gran Mariscal de Ayacucho. Tiene una certificación (diplomado) como Coach avalado por la firma Future Achievement International y la Universidad Iberoamericana de Liderazgo. Es Coach de Liderazgo certificado por Lifeforming Leadership Coaching (EEUU). Se ha desempeñado como profesor universitario en instituciones tales como la Universidad del Zulia (LUZ), la Universidad de Carabobo (UC) y la Universidad de la Tercera Edad (UTE). A la fecha se desempeña como docente en la Universidad de Carabobo. Así mismo ha ocupado posiciones gerenciales en importantes empresas de Venezuela. Ha recibido capacitación con John C. Maxwell. Ha sido conferencista y facilitador/consultor en temas relacionados al Liderazgo y la Gerencia, para diversas empresas e instituciones en el país y en el exterior. Ha publicado artículos en variados medios como revistas, periódicos y web. Es coautor del libro "El Carácter: Factor Clave en el Liderazgo". Es editor de los blogs de recursos para el liderazgo integral www.lideresefectivos.blogspot.com y www.ellidercristiano.blogspot.com, con más de 45.000 clicks mensuales. Es Director/Consultor de la firma de formación, coaching y consultoría en liderazgo Global Leadership Consulting, c.a. (www.glcconsulting.com.ve)

Dr. Jesús A. Sampedro Hidalgo
@jesussampedro
www.recursosparalideres.blogspot.com
www.facebook.com/LiderazgoExpansivo

Posee un Doctorado en Liderazgo Estratégico (DSL) y una Maestría en Administración de Negocios (MBA) de la Universidad Regent en Virginia, EEUU. Igualmente posee una licenciatura en Administración Comercial y un Diplomado en Comercio Exterior, ambos de la Universidad de Carabobo en Venezuela. Es Coach Trainer de Liderazgo certificado por la organización Lifeforming Leadership Coaching (EEUU). Es también facilitador avalado para el Programa de Liderazgo Personal "OPTIMIZARE" en Venezuela por la Universidad Iberoamericana de liderazgo (UNILID). Es consultor certificado de carrera por Career- Direct (Crown). Ha trabajado en el área de mercadeo en instituciones financieras y de desarrollos urbanísticos. Ha sido conferencista, instructor/facilitador, coach y consultor en temas relacionados a la gerencia y el liderazgo para diversas audiencias internacionales incluyendo: EEUU, Inglaterra, Republica Checa, Singapur, Trinidad, Perú, Guatemala, Ecuador y Venezuela. El adiestramiento provisto ha alcanzado niveles supervisorio, gerencial y ejecutivo en una variedad de instituciones educativas, gubernamentales, sin fines de lucro y especialmente corporaciones tales como Bridgestone/Firestone, DANA, Lincoln Electric, entre otras. Investiga y publica en diversos medios especializados en los mismos tópicos. Es autor de los libros "A Leadership Framework for Transformation" y "El Carácter: Factor Clave en la Gestión del Líder". Es conductor de un programa radial semanal de liderazgo desde 2009 y productor del Micro radial "Liderazgo Expansivo con Jesus Sampedro". Es editor del blog www.recursosparalideres.blogspot.com. Como docente de pregrado y posgrado ha impartido las materias de Liderazgo, Comercio Internacional, Investigación de Mercados Internacionales y Comportamiento Organizacional en la Universidad Regent (Virginia, EEUU), MACU (Oklahoma, EEUU) y Universidad de Carabobo (Carabobo, Venezuela). Es también profesor invitado del Instituto de Estudios Avanzados de Administración (IESA). Es fundador y director de la firma de formación, coaching y consultoría en liderazgo Global Leadership Consulting, c.a. (www.glcconsulting.com.ve) Ha desempeñado activamente diversos roles comunitarios tales como líder estudiantil, miembro de la International Leadership Association (ILA), miembro de juntas directivas de organizaciones como: CBMC International, CPEC Latinoamérica y la Asociación de Ejecutivos del Estado Carabobo, entre otras.

¿Quiénes somos?

Iniciativa

Global Leadership Consulting es un equipo de profesionales que busca maximizar las habilidades, la creatividad y el potencial del recurso humano. Nos esforzamos por formar integralmente líderes globales bajo una perspectiva de principios firmes, esquemas creativos, alianzas provechosas, y herramientas útiles que permitan el desarrollo óptimo y armónico de las organizaciones de hoy para que logren impactar positivamente su entorno.

Misión

Facilitar el desarrollo óptimo y armónico del potencial de liderazgo en personas y organizaciones. Estamos comprometidos con la formación y desarrollo de líderes globales (a través de servicios de consultoría y coaching, de capacitación y desarrollo, y el herramientas de apoyo al liderazgo) capaces de impulsar la transformación organizacional generando impacto social.

Visión

Ser reconocidos como la organización líder en innovación y relevancia en la transformación de personas e influencia organizacional de esta generación latina.

Valores

Innovación, Excelencia, Integridad, Equipo comprometido, Efectividad, Empuje comercial, Dedicación al Cliente.

Uno de nuestros objetivos estratégicos es "realizar investigaciones y editar publicaciones sobre temas asociados al liderazgo." Esta serie es una iniciativa en esa dirección que procura el avance de estos tópicos desde la investigación realizada desde Global Leadership Consulting.

Contacto

Para más información sobre consultoría, coaching, capacitación y conferencias en liderazgo para optimizar su gestión y la de su organización, y para el resto de servicios provistos por los autores y sus asociados, favor contáctelos en:

Global Leadership
C O N S U L T I N G

Global Leadership Consulting
Email: info@glcconsulting.com.ve
Web: www.glcconsulting.com.ve
Blog: www.resursosparalideres.blogspot.com
Telefax: +58 (241) 8245803
RIF: J-31460513-5

LIDERAZGO VISIONARIO
El arte de convertir la visión en realidad

Presenta a través de siete propuestas progresivas y complementarias un análisis práctico del vital proceso para gestionar la visión como factor esencial en el ejercicio del liderazgo. Estas áreas son:

- **Explorando la mente del estratega.**
  Desarrollando el sentido estratégico para alcanzar la visión.
- **¿Cómo articula el líder la visión?**
  Concibiendo la visión de un futuro prometedor.
- **La visión: Fuente de poder del líder.**
  Desarrollando la visión que empodera.
- **La visión: Un futuro deseado y compartido.**
  Comunicando con efectividad la visión.
- **Inspiración y Persuasión:**
  Elementos clave para una visión compartida.
- **Liderazgo: Dominio de la visión.**
  Desarrollando las destrezas y habilidades que demanda el logro de la visión.
- **Ingenio Estratégico:**
  Resiliencia e impulso creativo en tiempos de crisis.

"Este es un libro que todo ciudadano y líder de habla español debe leer y aplicar a su proyecto de vida, a su plan de negocios, su ciudad y su nación y cooperar activamente con sus mejores talentos y habilidades a construir un legado generacional. Los autores son amigos y socios de visión y misión a quienes admiro por el coraje de dar y bendecir al liderazgo emergente y actual de este continente."

Rolando Justiniano
Presidente Universidad Iberoamericana de Liderazgo (Miami, Fl.)
Presidente Transforming Leaders-USA

"Una visión clara, retadora y alcanzable es un gran motivador para cada miembro de la organización. Los Doctores Sampedro y Arana presentan un libro que muestra un paso a paso que le ayudará a cualquier líder de cualquier organización a: desarrollar el hábito de pensar en el futuro, generar la habilidad de crear una visión para la organización y articularla de tal manera que los colaboradores puedan fácilmente entenderla y dirigirse hacia ella."

Dr. Rodrigo Zárate
Director del Doctorado en Gestión de la Universidad EAN (Colombia)

www.ingramcontent.com/pod-product-compliance
Lightning Source LLC
Chambersburg PA
CBHW081308170526
45166CB00014B/2868

* 9 7 8 1 5 0 0 3 3 4 8 7 1 *